NOTICE

SUR LA

GALERIE D'APOLLON

NOTICE
HISTORIQUE ET DESCRIPTIVE
SUR LA
GALERIE D'APOLLON
AU LOUVRE

Par Ph. de Chennevières

Prix : 75 centimes.

PARIS
PILLET FILS AÎNÉ, IMPRIMEUR-LIBRAIRE,
RUE DES GRANDS-AUGUSTINS. 5.
—
1851

NOTICE

SUR

LA GALERIE D'APOLLON

« Depuis longtemps la galerie d'Apollon menaçait ruine de toutes parts ; les ornements en plâtre se détachaient, et les peintures, altérées par l'humidité, étaient méconnaissables. Tout cet ensemble exigeait une grande réparation. Enfin, en 1826, sous le ministère de M. le duc de Doudeauville et l'administration de M. le vicomte de La Rochefoucauld, elle fut décidée ; il ne s'agissait de rien moins que de reprendre en son entier le berceau de la voûte en bois, qui est dans le plus mauvais état, et de conserver, autant que possible, tout ce qui, dans les ornements de cette galerie, mérite d'être respecté. M. Fontaine a déjà, pour obtenir ce résultat, fait toutes les dispositions nécessaires : toutes les parties de l'architecture sont étayées ; un échafaudage habilement combiné soutient de tous côtés la voûte et la maintient, afin de pouvoir en opérer la restauration par la partie extérieure ; enfin tout annonce que, si, pendant quelque temps, on prive de la galerie d'Apollon le public, ce n'est que pour la lui rendre entièrement et solidement réparée et plus belle qu'elle n'a jamais été. »

Voilà ce qu'imprimait, il y a dix ans, M. le comte de Clarac (*Musée de sculpture antique et moderne*, tome 1er, p. 586-7) ; ces deux dernières années ont vu utiliser enfin les échafaudages de M. Fontaine, et se réaliser les souhaits et les promesses de l'ancien conservateur des sculptures du Louvre, avec plus de bonheur qu'il n'eût osé l'espérer peut-être.

Le 5 juin 1851, jour mémorable dans l'histoire du Louvre et de ses collections, la réouverture de la galerie d'Apollon a été, en même temps que les deux salons décorés par M. Duban et reliés par elle, inaugurée par M. le Président de la république, assisté de M. le vice-président, des membres du ministère, du préfet de la Seine et d'un grand nombre de représentants. M. le comte de Nieuwerkerke, directeur général des Musées nationaux, avait, au nom de M. Léon Faucher, ministre de l'intérieur, convié à cette solennité tous les grands corps de l'Etat et toutes les illustrations de Paris.

Le passage du cortége par la galerie d'Apollon a été le début, et peut-être le plus grand étonnement de cette fête du Louvre. Toute une génération déjà mûre avait grandi sans se souvenir, sans se douter même de l'existence réelle de cette galerie, où se déploya le premier feu du génie décoratif de Lebrun, et où s'échauffèrent les premiers instincts de la magnificence de Louis XIV. Nous ne connaissions, pour la plupart, de la galerie d'Apollon, qu'une forêt de honteux échafaudages, et nos pères n'en avaient connu que les merveilles misérablement délabrées. Il était réservé à notre temps de faire tomber les odieuses charpentes, qui nous voilaient, en paraissant la condamner, l'une des plus belles pages, la plus parfaite peut-être, de l'art du grand siècle ; il était réservé à notre temps, non pas seulement de raviver des splendeurs presque entièrement effacées, mais de compléter la pensée et d'écrire le dernier mot d'un magnifique poëme de peinture, de dorure et de sculpture, dont toutes les parties avaient été clairement indiquées par le grand peintre qui l'avait conçu, mais que lui-même et deux siècles après lui n'avaient pu mener à terme.

Par une étrange suite d'appropriations intérieures, le grand roi Louis XIV, à qui le Louvre appartient à plus de titres encore qu'à son père et à son aïeul, Louis XIV n'avait plus, dans l'intérieur du Louvre, une seule trace de ces éclatants travaux, par lesquels il avait préparé ses légions d'artistes, peintres, sculpteurs, ébénistes, tapissiers, dessinateurs d'ornements, orfèvres, stuccateurs, aux gigantesques somptuosités de Versailles. Louis XIV n'était plus dans le Louvre; pas une boiserie, pas un plafond, qui dît son nom à l'étranger, dans ce palais, qui lui devait sa fameuse colonnade et les trois côtés, qui en font le plus régulier et le plus accompli palais de l'Europe.

Mais enfin la galerie d'Apollon nous est rendue, *plus belle qu'elle n'a jamais été*; c'est par ce monument du plus glorieux temps de la France, que les visiteurs, accourus du monde entier vers ce panthéon du Louvre, voué désormais au génie, seront introduits dans le sanctuaire de nos plus précieuses richesses nationales. Ainsi la galerie d'Apollon aura eu cette singulière destinée d'offrir, à deux époques, par deux décorations successives, l'échantillon le plus complet de notre art français, de même que le Louvre, par la colonnade de Claude Perrault et la façade de Pierre Lescot, présente deux des types les plus capitaux de notre architecture.

Jamais monument n'a réuni l'effort de plus d'artistes renommés que cette coquette galerie; jamais achèvement d'édifice ne fut plus long, plus traversé, plus dispendieux, plus hâté, plus abandonné, frappé de plus d'accidents, menacé de plus immédiate destruction, résolu à plus de reprises; jamais appartement ne fut voué à des usages plus divers, livré à des hôtes plus disparates, et définitivement restauré avec plus de science et de goût. On comprendra que pour tant de raisons la tentation nous ait été grande d'entreprendre sa monographie.

I

La première Galerie, dite Galerie des peintures.

L'histoire du premier état de la petite galerie du Louvre se trouve par bonheur longuement racontée par l'abondant et minutieux Sauval. Il n'en faut point chercher ailleurs une plus patiente description ni un aussi complaisant récit :

« La petite Gallerie fut commencée sous Charles IX et achevée sous Henri IV par Chambiche, jusqu'au premier étage, qu'il couvrit d'une platte-forme ou terrasse, où Charles IX alloit prendre l'air. Fournier et Plain bâtirent le second étage sous Henri IV, que du Breul, Bunel et Porbus enrichirent de peintures. Cet édifice règne en équière depuis le gros pavillon du Louvre jusqu'au quai de l'Ecole, sur le bord de la Seine. L'une de ses faces n'est pas fort régulière. L'autre, composée d'assises de pierres et de marbre noir et jaspé, est si embarrassée de bas-reliefs, de rondes bosses, d'ornemens fort délicats et d'incrustations de marbre blanc, noir, jaspé et de toutes sortes de couleurs, qu'on ne sauroit bien représenter la variété mal concertée de telles bigarures. Le milieu de cette face est orné de haut en bas de quelque sculpture de Barthelemi. Les gens du métier disent qu'il n'a jamais rien fait de si bien, et estiment entre autres à la porte deux Renommées, couchées sur les reins de son arcade, et deux Anges qu'il a élevés au dessus près de la dernière corniche.

« Pour éclairer le nouvel appartement de la reine on a ruiné deux figures de captifs, de la main de Pierre Biart, le Praxitelle de son tems. Elles m'ont paru si accomplies, qu'il faut que je les décrive, afin que la postérité sache la perte que nous avons faite. Ces Captifs étoient couchés à leur séant et courbés avec un abandonnement fort naturel, et qui marquait bien l'excès de leur affliction. Leurs corps pendoient à leurs mains garotées et atachées par derrière. Leurs yeux étoient flétris et colés contre leurs genoux. La tête leur tomboit sur l'estomac, mais si appesantie de tristesse qu'elle entraînoit le reste du corps par son poids; un talon et une jambe sembloient venir au secours d'un abattement si extraordinaire, avec si peu de fermeté pourtant, qu'il étoit aisé de juger que cela se faisoit plutôt par quelque instinct de nature que par aucun soin que ces pauvres malheureux prissent de prolonger leurs vies plus longtems. En un mot, on ne pouvoit pas voir une tristesse, ni mieux conçue, ni exprimée plus naïvement, ni un renversement de corps plus désespéré par tout le corps. L'anatomie étoit si bien entendue, particulièrement sur les épaules et sur le ventre, couvert de quantité de plis écrasés, qu'on y remarquait toutes ces différentes passions que la nature donne à ceux qui sont véritablement affligés. Enfin ces captifs, dans la posture où Biart les avoient mis, disoient plus de choses par leur contenance muette qu'ils n'auroient fait dans une harangue longue et étudiée.

« Le premier étage de cette gallerie est occupé par le nouvel appartement de la Reine Régente, et le second par une Gallerie qui ne le cède en régularité et en ordonnance à pas une du royaume ni peut-être du monde. Sa longueur, sa largeur et son élévation ne sont pas moins bien symmétrisées que compassées. Elle porte trente toises de long et vingt-huit pieds de large. Le jour y entre par vingt-une grandes croisées. Ses trumeaux sont remplis de portraits de quelques-uns de nos Rois, aussi bien que de nos Reines, et son plafond est divisé en plusieurs compartiments de grandeur et de forme différentes ; de plus éclairés par douze grandes croisées, et enfin distribués et compassés avec beaucoup d'esprit, par rapport à la grandeur du lieu qu'ils occupent. Du Breul (1) mourut peu de

---

(1) Toussaint Dubreuil mourut le 22 novembre 1602. « Ce jour,

tems après avoir commencé ; mais Bunel l'a continué, l'acheva et s'attacha le plus pontuellement qu'il put à l'intention de son devancier.

« On se plaint, au reste, que les tableaux de ce plafond ne fassent point ensemble une suite d'histoire, et qu'ils n'ayent aucune affinité avec ceux des trumeaux. Quoique ce soit une faute assés ordinaire, on voudroit ne la point voir dans cette Gallerie. C'est le seul défaut que les critiques y remarquent et qu'on pourroit excuser en quelque façon, puisque les Héros de quelques-unes de ces histoires sont représentés sous le visage de Henri IV. Quoi qu'il en soit, les Héros déguisés dans la voûte, aussi bien que les portraits de nos Rois et de nos Reines, avec ceux de leurs Courtisans et de leurs Dames, peints de côté et

dit l'*Estoile*, Dubreuil, peintre de Sa Majesté, singulier en son art, et qui avoit fait et devisé tous ces beaux tableaux de Saint-Germain, en revenant dudict Saint-Germain à Paris sur un cheval qui étoit retif et alloit fort dur, fut à son retour surpris d'un renversement de boyaux, que les médecins appellent miserere, qui, en moins de vingt-quatre heures, l'envoya en l'autre monde. »

« Dubreuil étoit alors (en France) en grande réputation, » dit J. Bernier, « et travailloit aux galeries du Louvre. Le roi Henri IV, qui eût bien voulu associer Bunel avec ce savant peintre, lui dit un jour *qu'il souhaitoit les marier ensemble*. Mais Bunel faisant semblant de prendre la chose au pied de la lettre, quoi qu'il vît l'intention du roi, il lui répondit modestement que Sa Majesté savoit bien que cela ne se pouvoit. Le roi se voyant ainsi obligé de lui parler franchement, et lui ayant dit qu'il falloit que Dubreuil fit les dessins et qu'il es peignît ; il lui répliqua fort généreusement qu'il se contentoit de barbouiller ce qu'il avoit dessiné, sans entreprendre de traiter ainsi les dessins des autres. Ayant donc continué de travailler avec Dubreuil, ce peintre étant mort, il lui succéda et acheva ces grands ouvrages du Louvre, qu'un embrasement a depuis consumés. » Cette note piquante avait été communiquée à J. Bernier par Errard, recteur de l'Académie de Peinture à Paris, dont nous aurons occasion de parler plus loin. (V. sur Jacob Bunel, l'*Histoire de Blois*, par J. Bernier. Paris, 1682; Félibien, *Entretiens* d'autre, rendent l'ordonnance de cette Gallerie approchant de celle que les Romains observoient dans leurs pratiques, et que Vitruve appelle Megalographie; puisque c'est toujours l'histoire de son payis qu'il faut représenter dans ces sortes d'appartements. Auguste fit embellir son portique des statues de ceux qui avoient bien servi la République; et se vantoit, dit Suetone, d'être l'inventeur de cette sorte de décoration. Caracalla, dans son grand portique, fit peindre les triomphes de son père : et les statues dont Severe environna la place de Trajan étoient toutes des plus illustres hommes de l'empire romain.

« Les portraits des Rois et des Reines que j'ai dit occuper les intervalles d'une croisée à l'autre, sont grands comme nature, et représentés avec des habits et des gestes proportionnés à leur génie. Les Rois sont placés à main droite; et vis-à-vis, de l'autre côté, les Reines qu'ils ont eu pour compagnes. Et tous ces portraits, tant des uns que des autres, sont entourés de têtes; mais des seigneurs seulement ou des dames les plus considérables de leur cour, soit par leur naissance ou par leur beauté, soit par leur esprit et leur humeur complaisante. Comme tous ces portraits sont vrais, il n'y a que la plupart des rois et des reines qui ont régné en France depuis saint Louis jusqu'à Henri IV.

sur la vie et les ouvrages des plus excellents peintres, Trevoux, 1725, T. III, p. 127; *Baldinucci, notizie de professori del disegno*, Firenze, 1770, T. VIII, p. 262 ; Carel Van Mander, fol. 208 *bis*, et, sur Toussaint Dubreuil, voir ces trois derniers auteurs). « Pendant que Bunel peignoit à la petite galerie du Louvre, » dit Félibien, copié par Baldinucci, « David et Nicolas Pontheron, Nicolas Bouvier, Claude et Abraham Halle travailloient aux ornements et aux dorures des trumeaux de la même galerie. ». — *La Renaissance des arts à la cour de France*, études sur le seizième siècle, par M. le comte de Laborde, Paris, 1850, offre les recherches les plus nouvelles et les plus intéressantes sur les deux grands artistes dont nous parlons et leurs compagnons de travaux.

« Ces portraits sont partis de la main de trois personnes. Porbus a fait celui de Marie de Médicis, qui passe pour un des plus achevés que nous ayons de lui, et même le meilleur de cette Gallerie. En effet les vêtemens en sont si vrais, les diamans dont il les a brodés sont si brillans, et les perles si naturelles; la tête de la reine si noble, ses mains si belles et si finies, qu'il ne se peut rien voir de plus charmant : et quoique l'azur fût alors fort cher, ce Peintre neanmoins l'a répandu avec tant de prodigalité sur cette figure, qu'il y en a pour six-vingts écus (1).

« Tous les autres portraits sont de la main ou du dessein de Bunel. Il peignit d'après le naturel ceux des personnes qui vivoient de son tems. Pour deterrer les autres, il voyagea par tout le royaume, et prit les stucs des cabinets, des vitres, des chapelles et des églises, où ils avoient été peints de leur vivant. Il fut si heureux dans sa recherche, que dans cette Gallerie il n'y a pas un seul portrait de son invention, et que par le visage et l'attitude, tant des hommes que des femmes qu'il y a représentés, on juge aisement de leur genie et de leur caractere. Sa femme (2) le seconda bien dans son entreprise. Comme elle excelloit à faire les portraits des personnes de son sexe, ceux des Reines et des autres dames pour la plupart sont de sa main et du dessein de son mari.

« Les Rois sont vêtus assés simplement, et le tout à la

(1) Ce portrait, fort beau en effet, existe encore au Louvre et tient sa place dans notre Musée national; il a de hauteur 3ᵐ 06, de largeur 1ᵐ 37. Nous pouvons juger par lui des proportions des autres grands portraits. Il est signé : F. POVRBVS FE.

(1) Baldinucci raconte, d'après Carrel Van Mander, que Bunel eut une femme qui s'appliqua à la peinture, et dont les ouvrages valaient peut-être mieux encore que ceux de son mari. Du temps de Van Mander on célébrait partout le nom de cette peintresse. (Baldinucci, T. VIII, p. 263; Carel Van Mander, f° 208 *bis*.) J. Bernier nous donne le nom de cette habile femme : elle s'appelait Marguerite Bahuche; étant restée veuve sans enfants, elle se remaria à Paul Galland, receveur du taillon de Touraine.

mode de leur tems, et conformement à leur âge. Les Reines ont leurs habits de pompe et de parade; si bien qu'avec ces vêtemens differens et bizarres, qui faisoient sans doute la principale partie de la galanterie et de la propreté de leur cour, ils nous paroissent si ridicules, qu'on ne peut s'empêcher de rire.

« Les histoires qui remplissent la voûte que Bunel et du Breul ont peinte, sont tirées des Metamorphoses et de l'Ancien Testament. Du Breul n'etoit pas bon coloriste, et d'ordinaire ne faisoit que des cartons ; mais en recompense il etoit si grand dessinateur, que Claude Vignon Peintre, a vendu à Rome de ses desseins à François Bracianze excellent sculpteur, que celui-ci prenoit pour être de Michel Ange (1). De cinq ou six histoires de lui que l'on admire dans cette voûte, on ne croit pas qu'il y en ait aucune de sa main. La Gigantomachie, dont les curieux et les peintres font tant de recit, est d'Artus Flamand (2) et de Bunel. Les autres ont été exécutés en partie par eux, en partie par leurs éleves. Elles paroissent si accomplies aux yeux de ceux qui s'y connoissent, que je suis obligé de décrire en deux mots, tant la Gigantomachie, que les

(1) La collection des dessins du Louvre en possède vingt-quatre, attribués à Dubreuil et réunis dans un volume. Quelques-uns sont incontestables, grâce à des témoignages d'écriture contemporaine tracés à leur verso, et ceux-là expliquent, par la vigueur rude et savante de leur plume ou de leur crayon, le crédit de Dubreuil comme dessinateur, sans trop expliquer la méprise du sculpteur italien. Du reste, nous avons le regret de ne trouver, dans aucun de ces vingt-quatre dessins, la première pensée ou l'étude des sujets, composés par Toussaint Dubreuil pour la petite galerie du Louvre.

(1) Ce nom, que nous ne retrouvons point ailleurs, s'accorde avec ce que Van Mander et Baldinucci nous apprennent de Dubreuil, qui avait pour habitude de faire ébaucher ses inventions par certains peintres flamands, et puis de leur donner de sa main leur perfection, en les retouchant par quelques coups de pinceau larges et de maître.

Fables de Pan et de Syringue, de Jupiter et de Danaë, de Persée, d'Andromede et de Méduse.

« Persée de sa main gauche tenant la tête hideuse et épouvantable de Méduse, et de plus le pied droit appuyé sur son corps, qu'il vient de terrasser et priver de vie, représente admirablement par cette attitude la force et le courage que les Poëtes donnent à ce Heros.

« Le Monstre marin qui se présente pour engloutir Andromede, irrite sa rage par les battemens de sa queue, et remplit de terreur les ames les plus intrepides. De son côté, Persée s'avance à grande hâte pour le combattre. Andromede paroît dans un etat à donner de l'Amour et de la pitié tout ensemble aux plus insensibles. Cette innocente beauté tâche à cacher de sa jambe droite la partie de son corps, que ses ennemis pour l'assouvissement de leur jalousie lui avoient honteusement decouverte. Elle regarde son liberateur avec zèle et avec pudeur, et pourtant fait lire sur son visage que sa peur est plus grande que son esperance.

« La langueur des yeux mourans de la belle Danaë, l'assiette incertaine de sa belle tête, et toutes ces autres manieres qui se remarquent aux personnes que l'amour tyrannise, font bien voir qu'elle languit dans l'attente de son adorateur.....

« Le dieu Pan, avec sa laideur ordinaire, et couronné d'un grand bouquet de cornes, employe toute son industrie et toutes ses forces pour enlever la belle Syringue. Cette nymphe au contraire se roidit tant qu'elle peut contre les efforts de ce vieux bouquin, et tâche à profiter de l'occasion pour se glisser et s'enveloper dans une forêt de roseaux.

« La Gigantomachie, qui fait un des principaux compartimens de la voûte et même le plus beau, nous figure un combat rude et opiniâtré. L'air y est tout en feu. On ne voit que foudres et tonneres qui eclatent de toutes parts. Tout le lieu est embarassé et obscurci de montagnes et de rochers qu'on veut entasser les uns sur les autres. La crainte et la hardiesse, la témérité et le courage s'y font remarquer. La mort même s'y montre sous toutes sortes de visages. Mais il n'y a rien qu'on admire plus qu'un grand Géant fort musclé, qui se rehausse sur le corps mort d'un de ses freres, afin de joindre de plus près son ennemi. La taille immense de ce colosse épouvantable, occupe tant de place, qu'elle vient jusqu'à la moitié de l'arrondissement de la voûte : et quoiqu'effectivement cette figure se courbe et tourne avec la voûte, du Breul neanmoins l'a racourcie avec tant d'art, que la voûte en cet endroit là semble redressée, et qu'enfin de quelque côté qu'on la regarde, on la voit toujours sortir hors de la voûte droite et entière. Ce racourci est un si grand coup de maître, que tous ceux qui sont capables d'en juger, non-seulement l'admirent, mais disent hautement que dans l'Europe il ne s'en trouve point de plus merveilleux. Cette histoire est peinte à un des bouts de la gallerie proche de l'appartement du roi.

« A l'autre bout, sort en saillie un balcon sur le quai de l'Ecole, d'où l'on jouit d'une des plus belles vues du monde. Là, d'un côté, les yeux roulent avec les eaux de la Seine, et se promènent agréablement sur le penchant imperceptible de ce long demi-cercle de collines rampantes, qui vient en tournant en cet endroit là, de même que la rivière ; mais toutes jonchées de Maisons de plaisance, de Villages, de Bourgs, de Vignes et de Terres labourables. D'un autre côté, la vue éblouie des beautés de la campagne, se vient renfermer dans la ville ; et après s'être égayée sur le Pont-Neuf, le Pont-au-Change et les maisons uniformes de la Place Dauphine, elle se perd dans ce grand cahos de Ponts, de Quais, de Maisons, de Clochers, de Tours, qui delà semblent sortir pêle-mêle du fonds de la Seine. »

> (*Histoire et recherches des antiquités de la ville de Paris*, par Mᵉ Henri Sauval, avocat au parlement ; Paris, Ch. Moette et J. Chardon, 1724 ; tome second, pages 37-40.)

Pour expliquer comment Sauval, qui ne mourut, dit Piganiol et les biographes, qu'en 1669 ou 1670, ne dit mot du sinistre, qui détruisit cette première et splendide décoration de la petite galerie du Louvre, il suffit de rappeler que les trois volumes de Sauval, publiés plus d'un demi-siècle après sa mort, ne sont, en réalité, qu'un recueil de notes; partant, il est permis de conjecturer, ou que les notes, relatives à l'incendie de la galerie des peintures et à la décoration nouvelle, ont été perdues par ses héritiers et éditeurs, ou qu'il s'en fiait sur le sinistre de 1661 à des souvenirs encore récents et attendait, pour leur donner une formule définitive, l'achèvement du travail de Lebrun. On a dû remarquer que sa description est si bien antérieure à l'incendie, qu'il n'emploie jamais que le présent, comme pour une chose qui existe et qu'on peut voir.

II

L'incendie de 1661.

La *Gazette de France*, du 12 février 1661 (presque copiée, dans leur *Histoire de la ville de Paris*, par Felibien et Lobineau, t. II, p. 1473), raconte que « le 6 du courant, qui estoit le premier Dimanche du mois, le feu s'estant pris, le matin, au Louvre, en la galerie des Peintures, s'estendit jusques à la grande : mais il fut empesché d'y faire aucun notable progrez, par la diligence avec laquelle on travailla à l'éteindre, et qui eut d'autant plus de bon succez, que leurs Majestez suivans les mouvemens de leur insigne Piété, eurent recours au Saint Sacrement qu'elles firent aussitost apporter de l'église Saint-Germain-l'Auxerrois : d'où l'ayans receu à la porte du Louvre, après qu'il eut visiblement détourné le vent, et, ainsi, arresté les flames, elles le reconduisirent jusques en la dite église, accompagnées de toute la Cour, avec une dévotion des plus exemplaires. »

Germain Brice (*Description de la ville de Paris*, édit. de 1713, t. I, p. 40-41) nous apprend que « cette galerie fut presque toute consumée le 6 de février 1661, par l'imprudence d'un menuisier, qui travailloit à finir le théâtre, que l'on préparoit pour un magnifique balet, où le Roy devoit danser avec toute la cour. On voyoit autrefois dans cette galerie, avant ce malheureux embrasement, les portraits des Rois et des Reines, grands comme nature, autour desquels on avait placé ceux des princes du sang, des favoris et des principaux ministres de chaque règne, dont on eut bien de la peine à sauver une partie, que l'on conserve encore dans le cabinet des tableaux du Roy. Cependant la perte de quelques-uns de ces rares originaux qui furent réduits en cendres, a été réparée depuis ce temps-là. »

Une troisième relation, un peu plus étendue, confirme et détaille ces deux versions ; nous sommes trop heureux d'avoir à l'emprunter à la Muse historique de Loret. Le curieux gazetier consacre à cet incendie tout le commencement de sa lettre du 12 février 1661 (Livre douzième, p. 25), et c'est même cette nouvelle, qui donne son titre à sa lettre ; il l'appelle *incendiaire*, selon sa bizarre coutume de qualifier chacune de ses lettres par une épithète tirée de l'événement principal.

> Dimanche un feu prompt et mutin,
> Sur les neuf heures du matin,
> Se prit à la Maizon Royale,
> Dans cette Galerie, ou sale,
> Où l'on prétendoit (à peu près)
> Danser Balet dix jours après ;
> Et telle fut sa violence,
> Que malgré toute diligence,
> Pour détourner l'embrazement,
> Ce magnifique Bâtiment
> Qu'on nommoit sale des Peintures,
> Devint d'éfroyables mazures ;

Et ce lieu charmant qui, jadis,
Des yeux étoit le paradis,
Parut lors un afreux image ;
Le feu poussoit plus loin sa rage :
Mais, par grande dévotion,
Dans cette dézolation,
On y porta la sainte Hostie,
Par qui fut la flâme amortie ;
Le vent changeant en un moment,
Cela sauva viziblement
Les Chambres du Roy, de la Reine,
De cette incendie inhumaine.
Après cet éfet merveilleux,
Ou bien plutôt miraculeux,
Le Roy, Monsieur, les Reines mesmes,
Avec des tendresses extresmes,
De reconnoissance et d'amour,
Et tous les Princes de la Cour,
Ducs, Marquis, Maréchaux de France,
Et Prélats de haute importance,
Conduizirent dévotement,
L'adorable Saint Sacrement,
Jusqu'au Lieu de son tabernacle,
Touchez du précédent miracle,
Auquel ils avoient grande foy,
Sur tous, les Reines et le Roy,
Dont les Ames très-éclairées,
Et de vices bien épurées,
Sçavent discerner comme il faut
Les assistances du Très-Haut.

Outre un secours si manifeste
De la protection céleste,
Quantité de fort bonnes gens
Se montrèrent très-diligens
D'empêcher, de tout leur possible,
Les progrez de ce feu terrible.
Monsieur le Prévost des Marchands,
Qui n'est hay que des méchants,
S'y prit, à ce que l'on raporte,
Tout-à-fait de la bonne sorte.
Les magistrats du Châtelet

Y jouèrent bien leur rollet,
Avec des ferveurs sans pareilles,
D'Aubray, Tardieu, firent merveilles.
Monsieur le Procureur du Roy
Agit bien dans ce dézaroy,
Aux uns il donnoit du courage,
Aux autres donnoit du brûvage,
Dont il fut grandement prizé ;
Et quoy qu'il fût indispozé,
Il se rendit infatigable
Dans ce dézordre déplorable.
Par commandement souverain,
Il retourna le lendemain,
Suivy de quelques commissaires,
Donner des ordres nécessaires :
Car le feu s'étant allumé,
Le Louvre en étoit allarmé,
Mais par sa prudente conduite,
Cela fut sans mauvaize suite.
Mais entre les particuliers,
Qui, là, travailloient à milliers,
Qui divers obstacles forcèrent,
Qui chaudement se trémoussèrent,
Un Augustin du grand Couvent
Fut en danger assez souvent
De se brizer dos, bras et teste,
Durant cette ardente tempeste ;
Son front en fut quazi brûlé,
Et bref, il parut si zélé,
Qu'il en acquit honneur et gloire,
Dont il sera longtemps mémoire.
Ces beaux portraits d'antiquité,
Dont on voyoit là quantité,
Ayans l'air, les traits et les marques
De nos Reynes, de nos Monarques,
Avec leurs anciens atours,
Et des illustres de leurs cours,
Princes, seigneurs et grandes dames,
Ne périrent point par les flâmes :
Car par l'avis du sieur Gessé (1),

(1) Henry de Gissey, dessinateur ordinaire des ballets du roi ;

Desseignateur, maître passé,
On avoit, depuis trois semaines,
Mis ailleurs ces Roys et ces Reines,
Dont pluzieurs de cela ravis,
Ont bény ce donneur d'avis.

 Enfin ne faut point qu'on s'étonne
Si le feu n'épargne personne,
S'il fait quelquefois des débris
Des plus beaux et riches lambris,
Puisque cet élément barbare
A la fin des temps se prépare
De consumer en ce bas lieu
Les ouvrages mesmes de Dieu,
Dans lesquels sa sagesse abonde,
Assavoir l'Air, la Terre et l'Onde,
Et sans respecter mesmement,
Les Astres, ni le Firmament.

 Loret ne nomme point là tous les personnages, qui se signalèrent par leur zèle et leur courage en sauvant les tableaux qui décoraient la petite galerie du Louvre, et il a tort d'affirmer qu'Henri de Gissey avait sauvé *tous* les portraits de cette galerie, en les faisant retirer quelques semaines auparavant, puisque, dans les comptes des bâtiments du roi, on trouve la somme de 1,500 livres payée « le 18 juin 1668, à la veuve Dumoustier (1), peintre, en

C'est probablement par autorité de sa charge, et pour faire place à la décoration du ballet qui s'apprêtait, que Gissey avait fait retirer les tableaux dont parle Loret. Bien qu'il ne fût pas peintre, on l'avait nommé de l'Académie, le 31 mars 1663, parce que, dit Félibien, il dessinait assez bien. Il occupait l'un des logements consacrés aux artistes sous la galerie du Louvre et était, en 1669, concierge du palais des Tuileries. Dans les Comptes des bastimens du Roy de la même année, on le trouve occupé à faire et faire faire à grands frais une armée de cartes pour l'amusement de Mgr le Dauphin. Il mourut en 1674. Le Père Lelong a indiqué une gravure de sa pompe funèbre, qui fut splendide.

 (1) Les Dumoustier, depuis Henri IV, occupaient sous la

considération de ce qu'il a sauvé de l'incendie du Louvre les portraits des rois. » Ce que nous sommes portés à conclure de ces autorités diverses, c'est que, des nombreux et tant curieux portraits qui lambrissaient la galerie des peintures, quelques-uns furent sauvés par la prévoyance d'Henri de Gissey, quelques autres par le dévouement de Dumoustier, et l'incendie dut avoir sa part aussi. Quoi qu'il en soit, dans aucune de nos collections nationales, à Versailles non plus qu'à Paris, nous ne rencontrons un autre portrait que la Marie de Médicis de Porbus, qui puisse être préjugé avoir fait partie de cette série fameuse, et, par une fatalité singulière qui semble s'être attachée à leurs œuvres, le Louvre (1) n'a pas à montrer une seule peinture de ces deux artistes, si renommés en leur temps et qui lui avaient voué tout leur génie.

grande galerie du Louvre un des logements destinés aux artistes et artisans. Je lis dans le brevet d'un de ces logements accordé, en 1660, à Benigne Sarazin, peintre, fils du sculpteur Jacques Sarazin, « que la chambre dudit logement que Sa Majesté a conservée par brevet du dernier septembre 1647 aux enfants de defft. sr du Moustier demeurera jusques à ce qu'elle leur aye pourveu d'un autre logement. » Le Dumoustier, à la veuve duquel le roi paya, en 1668, le prix de son dévouement à l'occasion de l'incendie de 1661, ne saurait être le fameux Daniel Dumoustier-Crayon, dont Tallemant des Réaux nous a laissé la tant plaisante *historiette*; il était mort en 1646. Il s'agirait plutôt de Nicolas Dumoustier, peintre de portraits au crayon ou au pastel, comme tous ceux de sa famille, et reçu de l'Académie le même jour que Henry de Gissey, le 31 mars 1663. Félibien fait mourir ce Nicolas Dumoustier, de Paris, en 1669 ; mais on sait, par les registres de l'Académie, qu'il était mort le 16 septembre 1667, âgé de 52 ans. Tallemant des Réaux avait « vu à Rome un des cousins germains de Daniel, du même métier. »

(1) La fermeture des églises en 1793 avait fait entrer au Louvre l'Assomption, par Bunel, qui était dans l'église des Feuillants. L'aveugle munificence, qui était permise au musée central d'alors, en a gratifié le musée de Bordeaux.

III

Charles Lebrun chargé de la décoration de la Galerie nouvelle.

L'année même, où périt la première décoration de la petite galerie du Louvre, il s'était élevé entre les deux membres les plus influents de l'Académie royale de peinture et sculpture, fondée depuis une douzaine d'années, une querelle assez aigre, orage de cour qui avait failli compromettre l'existence de cette Académie et que ses historiens racontent avec un certain effroi. Le sujet de la querelle touche par tant de points à l'histoire de la nouvelle décoration de la petite galerie, que nous croyons devoir en placer de suite le récit, tel que nous le fournit une histoire manuscrite de l'Académie royale, qui se trouve à la bibliothèque de l'Arsenal. La notice sur l'Académie, contenue dans le premier volume de la *Description de Paris*, par Piganiol de la Force, fournissait une version parfaitement conforme, mais plus succincte :

« ... Outre le mécontentement, dont nous venons de parler à l'occasion de M. Bosse, il (Charles Lebrun) en reçut un très-sensible de M. de Ratabon, lequel, nonobstant l'innocence de son motif, s'embrouilla si inconsidérément avec Mrs Errard et Le Brun, de telle sorte, que, joignant avec les autres de l'Académie, M^r Le Brun se chagrina jusqu'au point de remettre les sceaux qu'il avoit en sa garde, résolut de ne plus s'intéresser dans les affaires de l'Académie. Le sujet fut que la Reine Mère, dans le dessein qu'elle avoit de faire quelque chose de beau au Pavillon de la petite Gallerie du Louvre qui touche à l'appartement du Roy, donna l'ordre à Mr de Rattabon, lequel, soit qu'il crut y mieux réussir, ou qu'il voulut obliger Mr Errard en luy faisant part de cet ouvrage, l'adjoignit avec M^r Le Brun, en proposant à tous deux de faire les desseins pour la décoration aux tableaux seulement et que Mʳ Errard auroit la conduite des ornements ; mais il arriva que Mʳ Le-Brun qui a toujours eu le génie universel et abondant, considerant que, pour bien faire un ouvrage de cette importance, il falloit faire dependre toutes les parties uniquement du sujet principal et reprendre dans chacune des idées relatives pour assujetir l'expression à une seule vue ; comme en effet cette place, qui est en forme de calot, se rapporte à un seul point, il disposa un dessein sur ce raisonnement, et en un jour assigné que Messieurs des Bastimens du Roy etoient assemblés pour ce sujet, il se présenta expliquant toute l'étendue du sujet qu'il avoit choisy, sur les diverses parties qui devoient servir à la décoration et ornement de ce lieu, tant pour la Peinture que pour la sculpture, qu'il faisoit scavamment rapporter dans une concordance si admirable que ces Mʳˢ en furent charmez, le tout étant disposé et exprimé d'une façon si agréable et si touchante, qu'ils jugerent unanimement qu'il ne se pouvoit rien faire de plus beau. Monsieur Errard même qui survint un peu tard, ayant trouvé la compagnie dans le ravissement de ce dessein, y donna son approbation, tout surpris qu'il étoit non pas tant de la beauté du dessein, car il connoissoit la capacité de l'auteur, mais de ce que tout l'ouvrage y etoit compris. Ce qui luy fit tenir le sien caché, et la compagnie luy ayant demandé à le voir, il s'en excusa, disant que celuy de Mʳ Le Brun comprenoit le tout, il ne restoit plus rien à faire pour lui. Alors Mʳ de Rattabon reconnut la faute qu'il avoit faite de commettre deux habiles hommes à un même ouvrage ; il luy fut evident que, quelque assemblage qu'on puisse faire, les grands ouvrages doivent être conduits par un seul esprit. Neanmoins il se crut obligé de conserver le point d'honneur à Mʳ Errard, auquel il prenoit un singulier intérêt. C'est pourquoi il le pressa tant qu'il fut obligé de montrer son dessein qui fut trouvé aussy fort beau, et l'on resolut de montrer l'un et l'autre à la Reine, laquelle prononça suivant l'intention de Mʳ de Rattabon, que le dessein de

Mʳ Errard seroit executé, qui estoit la distribution des compartimens, et la disposition de la sculpture et de la dorure, laissant la place des tableaux pour Mʳ Le Brun, lequel, voyant par ce moyen que toute l'harmonie du sujet qu'il avoit medité étoit rompue, en conçut un secret deplaisir qui a empeché l'achevement de cet ouvrage, lequel a demeuré imparfait jusqu'a présent, et ces trois Messieurs furent brouillez fort longtemps ensemble, et même l'Académie qui n'eut point de part à ce démêlé ne laissa pas d'en recevoir du dommage par l'absence de Mʳ Le Brun, quoy que pour cela les exercices n'en furent pas toutefois interrompus. Mʳ Le Brun temoigna quelque ressentiment contre l'Académie, se demettant des sceaux qu'il mit entre les mains de M. Rattabon... »

L'anecdote, que nous venons de transcrire, se rapporterait, s'il en faut croire la version de Piganiol de la Force au « grand salon qui est au Pavillon de la petite galerie du Louvre qu'on nomme ordinairement la galerie d'Apollon. » — Les descriptions du Louvre au XVIIIᵉ siècle ne parlent d'aucune décoration commencée et inachevée du salon carré ; mais elles en constatent le vide et la nudité et ne vantent que les vues admirables dont on jouissait par ses fenêtres, ouvertes alors du côté de la rivière. Cependant je trouve dans le registre des bâtimens du Roi de l'année 1666, qu'il est soldé « à la veuve de François Cassie pour son parfait paiement de la somme de 3520 l. à quoy montent les ouvrages de stuc fait dans la voute du sallon du Louvre, pendant l'année 1659, 370 livres. » Dans le registre de 1668, on donne à la date « du dernier juillet 1669, au sieur Errard, peintre, pour parfait payement de 78,568 l. à quoy montent tous les ouvrages de peinture qu'il a faits au Louvre pendant les années 1659 et 1660, la somme de 15,468. »

Qu'il s'agisse, soit de ce grand salon, où se firent un demi-siècle plus tard, les expositions bisannuelles des membres de l'Académie royale de peinture, sculpture et gravure, soit du pavillon circulaire à l'autre bout de la galerie d'Apollon, qui était contigu à l'appartement du Roi, distribué autrefois sur l'emplacement actuel du salon des sept cheminées et de la nouvelle salle des bronzes, le récit des historiens de l'Académie montre quelles furent de bonne heure les ambitieuses prétentions de Le Brun, et en même temps quelle juste et haute idée ce grand artiste se faisait de l'unité de la pensée dans les infinis accessoires d'une décoration. La roideur, que Le Brun montra dans cette affaire contre M. de Ratabon et contre Errard, lui réussit admirablement; on usa de diplomatie pour l'apaiser, on capitula avec lui; et, quand il fut question de redécorer avec une somptuosité extraordinaire la galerie d'Apollon, il ne vint dans la pensée d'aucun surintendant, ni du roi même, qui avait pris tant de plaisir à lui voir peindre sa Famille de Darius, de ne point lui offrir d'emblée l'ensemble et la direction absolue de tout cet immense ouvrage. Sa toute-puissante influence sur l'Académie, qu'il avait créée et soutenue avec tant d'adresse, lui donnait d'ailleurs sur les habiles praticiens, peintres et sculpteurs, dont elle abondait, une autorité que nul autre n'eût pu obtenir, pour l'exécution fidèle de ses dessins et de ses indications.

Tous les guides de Paris et du Louvre, depuis un siècle et demi, les Brice, les Saugrain, les Dargenville, les Thiery, les Clarac, ont donné mille descriptions de la galerie d'Apollon, telle que Le Brun nous l'avait laissée. Mais comme ces descriptions, faites la plupart de souvenir, ou d'après d'autres livres, ne s'accordent pas parfaitement les unes avec les autres, et sont trop ou trop peu explicites, allant jusqu'à décrire des peintures qui n'ont jamais existé, nous croyons devoir exposer, le plus exactement et le plus complétement qu'il nous sera possible, l'ordonnance du projet de Le Brun, telle que nous la retrouvons encore; puis, après avoir indiqué quelles parties en furent exécutées par lui et sous sa direction immédiate, nous raconterons les destinations diverses et les compléments tardifs, que la galerie d'Apollon reçut depuis la mort de l'artiste qui l'avait conçue.

Louis XIV, dans l'orgueil légitime de sa gloire, avait adopté pour emblème, pour devise, la figure et les attributs de Phœbus Apollon, Apollon le dieu jeune et rayonnant, Apollon le vainqueur de Python, Apollon le dieu de la lumière et des arts. Le Brun, peintre de cour, s'empara, sans hésiter, de cette figure et de tout son cortége de Muses, de Saisons, d'Heures, d'Eléments et de Parties du monde; Apollon, le Jour, le Soleil, c'était le Dieu universel. Le thème était inépuisable pour Le Brun ; il n'était difficile pour lui que de régler et d'économiser son sujet. « Il présenta, dit-on, plusieurs projets (1) ; dans celui qui fut adopté, il divisa le berceau de la voûte en onze cartouches ou compartiments principaux. Dans celui, qui est au centre, il se proposait de représenter Apollon sur son char avec tous les attributs du Soleil. Les Saisons devaient occuper les quatre cartouches les plus voisins de celui-ci ; les deux ovales, qui les séparent dans la voûte, devaient être remplis par le Soir et le Matin, et les deux octogones plus reculés par la Nuit et par l'Aurore ; les culs de four, qui sont aux extrémités du berceau, auraient offert, l'un le Réveil des Eaux et l'autre celui de la Terre aux premiers rayons du Soleil ; enfin, dans le grand salon circulaire, qui termine la galerie du côté du nord, Le Brun voulait peindre l'histoire d'Apollon, considéré comme conducteur des Muses et Dieu des Beaux arts (2). »

Le Louvre possède quelques-uns des dessins très-terminés, que Le Brun composa pour la décoration de cette nef considérable, qui est appelée sur l'un d'eux le *Salon d'Apollon*. Le public voyait récemment encore, dans les

---

(1) La collection des dessins du Louvre possède un de ces plans ; il est aussi riche et plus chargé peut-être encore, et d'une composition bien moins heureuse pour l'ensemble de la pensée ; d'autres croquis de décoration paraissent encore des essais pour cette galerie.

(2) Voir les Notices des dessins originaux, cartons, gouaches, pastels, émaux et miniatures du musée central des arts. Edit. diverses, de l'an V, 1811, 1820.

salles du nord consacrées aux dessins français, deux morceaux composant l'encadrement de deux des Saisons; charmants dessins tout-à-fait arrêtés, à la plume et à l'aquarelle, et que Lebrun a cependant modifiés dans l'exécution. Notre collection nationale possède de même les dessins (1) des deux voussures, qui terminent la galerie.

Un élève de Lebrun, nommé de Saint-André, que Desportes, dans la vie de Lebrun (2), qualifie sévèrement de « faible peintre et graveur médiocre, a rendu service aux Arts, en gravant (3) tous les morceaux de peinture et de

(1) Ils sont au crayon, à la plume et lavés, de forme cintrée. Le Réveil de la Terre a de hauteur $0,^m55$ et de largeur $1^m,21$; le Réveil des Eaux, hauteur $0^m,50$, largeur $0^m,90$.

(2) *Vie des premiers peintres du roi depuis M. Lebrun jusqu'à présent.* Paris, 1752. T. Ier, pages 44 et 45.

(3) On trouve encore, dans l'œuvre de Lebrun, au cabinet des estampes, une grande pièce dédiée « à la mareschalle de Créquy » et gravée par de Saint-André, d'après le Christ en croix pleuré par la Vierge, saint Jean et la Madeleine, tableau qui était « en la chapelle de l'hôtel de Créquy à Charanton, peint par feu M. Le Brun. » Une note manuscrite indique que l'estampe *se vand à Paris au Louvre et rue Saint-Jacques.* Cette estampe et la plupart de celles du recueil de la galerie d'Apollon, par lequel seul vit aujourd'hui le nom de ce peintre graveur, ont cette qualité excellente de rappeler admirablement le goût de dessin du premier peintre, son maître. M. Robert Dumesnil nous paraît avoir regardé légèrement le recueil de Saint-André, quand il dit, dans son *Peintre graveur français*, T. IV, p. 17, que le célèbre Bérain peut avoir concouru à l'exécution des pièces de la galerie d'Apollon. Il suffit de feuilleter ce recueil, pour reconnaître indubitablement que toutes les pièces en sont de la même pointe très-libre et très-facile et que celles, consacrées aux ornements, qui pourraient avoir appelé de préférence l'aide vraiment spécial de J. Bérain, n'ont rien de commun avec les planches, que cet habile dessinateur du cabinet du roi nous a laissées de ces mêmes ornements inventés par Lebrun pour le plafond de la galerie d'Apollon. La planche de frontispice de Saint-André représente la France assise, coiffée d'un casque et drapée du manteau fleur-

sculpture de cette gallerie, tant ceux qui sont exécutés, que ceux qui ne le sont pas. » — Ce Recueil a 44 planches, y compris le titre, gravé cinq ans après la mort de Le Brun ; il est intitulé : *La Petite Gallerie— du Louvre— du Dessein de feu—M^r Le Brun—Premier Peintre de Sa Majesté—dediée — au Roy—Dessinée et gravée par St A — 1695—Ce vend a Paris au Louure et Rue St Jacques.* Le Recueil de Saint-André nous est infiniment précieux pour l'histoire de la grande œuvre de Le Brun, que nous décrivons ; il nous donne dans tous ses détails la voûte entière, en montrant religieusement vides les compartiments ou cartouches destinés à la peinture, et pour lesquels Lebrun n'avait laissé aucune composition, mais en prenant soin aussi de graver ceux des morceaux inexécutés, dont on avait conservé un dessin arrêté de Lebrun ; pour citer la grande voussure du Réveil de la Terre, Saint-André l'avait « gravée d'après l'esquisse de M^r Le Brun dont le tableau n'est pas peint. » On verra plus loin combien les estampes, gravées si librement par Saint-André, ont été utiles au rétablissement de la voûte de Le Brun, ne fût-ce qu'en nous conservant le plafond effondré de l'Aurore, les camaïeux inachevés des Mois, en certifiant la compo-

delysé, appuyée de la main gauche sur un faisceau et de la droite tenant une petite figure de la Victoire ; elle a les pieds posés sur la tête d'un ennemi qu'elle écrase et sur des torches et des monceaux d'armes. A droite sont groupés les trois petits génies de la peinture, de la sculpture et de l'histoire. La seconde planche, qui est celle de la dédicace *Au Roy par son très humble, très obéissant et très fidèle serviteur et sujet De Saint-André*, est incomparablement la plus belle planche du recueil et est digne d'un très-grand graveur, j'allais presque dire de Gérard Audran, de la manière duquel elle se rapproche. C'est tout simplement la gravure du « tableau qui était dans le plafond du petit cabinet de Sa Majesté au Louvre peint par M. Le Brun. » Ce plafond représentait l'apothéose du jeune Louis XIV : la Victoire guide ses coursiers, la Renommée sonne ses louanges, l'Abondance verse ses bienfaits, et Minerve, volant derrière son char, soutient sa couronne.

sition du Réveil de la Terre, et aussi en nous faisant connaître la part, que chacun des quatre sculpteurs illustres, employés par Lebrun à exécuter ses dessins, peut revendiquer dans tous ces groupes alternés et si savamment liés les uns aux autres. Le témoignage à cet endroit est d'autant plus irrécusable que deux des sculpteurs, Girardon et Regnauldin, vivaient encore, quand parurent les planches de Saint-André. D'ailleurs nous sommes convaincu que Saint-André avait entrepris et commencé cette longue série de 44 planches, à laquelle un peu plus de quatre années n'aurait pas pu suffire, avant la mort de Lebrun, et avec l'agrément et les indications de son maître, et que ce fut celui-ci qui lui dut communiquer lui-même ses dessins et ses esquisses.

Dans une suite de 29 pièces qui porte pour tout titre : *Ornemens de peinture et sculpture, qui sont dans la Galerie d'Apollon, au chasteau du Louvre et dans le grand Appartement du Roy au Palais des Tuilleries, dessinez et gravez par les S*rs *Berain, Chauveau et le Moine*. Jean Bérain a de son côté dessiné et gravé en 11 planches, d'abord les six compartiments d'ornements, qui, dans le centre du plafond de la galerie, séparent les grands cartouches de peinture, puis les deux grands trumeaux, celui de la fenêtre du milieu de la galerie, et celui de la fenêtre du fond qui donne sur la rivière ; puis enfin six montants de trumeaux en trois planches (1). Ces 29 planches des

---

(1) Germain Brice dit que « Simoneau a gravé quelques morceaux de la galerie d'Apollon qui sont fort recherchés. » Nous n'avons rien trouvé de pareil dans l'œuvre de Simoneau, ni dans celle de Lebrun, à moins qu'il ne faille attribuer à Simoneau l'une des deux grandes estampes (la plus grande, ovale dans la forme du tableau, l'autre octogonale), belles toutes deux et toutes deux sans lettre ; elles représentent la figure du Soir que Lebrun avait peinte dans la voûte de la galerie d'Apollon ; elles sont gravées dans deux sens différents : dans celle ovale, le vieillard est étendu sur son nuage, la tête vers la gauche ; dans l'octogone, la tête vers la droite. Il ne faut point d'ailleurs s'inquié-

trois graveurs sont heureusement conservées à la chalcographie du Louvre, où l'on peut s'en procurer des épreuves.

Nous avons pu longtemps regretter que Saint-André, que Bérain surtout, dont c'était bien mieux l'affaire, n'eussent point songé à nous donner une vue d'ensemble de la Galerie, dont l'un nous gravait la voûte, dont l'autre nous gravait les trumeaux. Dans ce splendide vaisseau, chef-d'œuvre de décoration pittoresque en une époque magnifique, la peinture, la sculpture et la dorure, devenue presque un art, combinent tous leurs genres et tous leurs tons dans une merveilleuse alliance, pour chanter à la gloire du grand Roi leurs plus éblouissantes flatteries, des flatteries dignes de son ambitieuse devise, dignes aussi de Lebrun, le plus abondant et le plus savant décorateur, qui soit né du génie d'Annibal Carrache. Cette vue d'ensemble de la galerie d'Apollon, aujourd'hui elle nous est rendue toute entière. Elle nous est rendue telle que Lebrun l'a voulue, telle, en tous ses harmonieux et scrupuleux détails, que Lebrun eût été fier d'en faire les honneurs à Louis XIV ; la solennité du 5 juin en a fait les honneurs à la France et à l'Europe.

IV

Description de la Galerie d'Apollon.

En entrant dans la galerie d'Apollon par la grille admirable, qui la ferme du côté du nord et fait face au balcon de la rivière (cette grille est l'une de celles, qui décoraient au-

ter outre mesure de ce que dit Brice à propos de cette galerie, puisqu'il décrit comme peint le grand cartouche du milieu du plafond, que tous les témoignages un peu sérieux affirment n'avoir jamais été exécuté. Les estampes de Simoneau doivent être, comme le grand cartouche, des erreurs de mémoire d'après d'autres livres.

tréfois le château de Maisons)(1), le public a les yeux charmés de la belle proportion de la galerie, longue de 61^m 39^c et large de 9^m 46^c, charmés aussi du cintre heureux de sa voûte; et l'arrangement en est si habile, si bien ménagé de lumière, et si léger, quoique si chargé, que l'œil ne se fatigue point de cet éclat royal, où la dorure des ornements peints se marie à la dorure des ornements sculptés, où pendent sans lourdeur des statues colossales en stuc, où des camaïeux, rehaussés d'or et encadrés de guirlandes de fleurs, séparent les figures de relief, et où d'immenses tableaux plafonnant, arrondis ou échancrés en formes capricieuses, se font, dans l'étendue de la voûte, le plus agréable équilibre. La galerie d'Apollon est éclairée à gauche par douze fenêtres, auxquelles correspondent douze portes ou fausses portes; une treizième fausse porte, en entrant à droite, en regarde une autre figurée, pour la symétrie, avant la première fenêtre. Les quatre premières, les quatre dernières des fausses portes, et celle proche de l'entrée à gauche, presque à fleur des panneaux qui les séparent, sont surmontées par des vases de fleurs en demi-relief, posés sur une corniche cintrée. Les cinq portes du milieu présentent un certain enfoncement, et au lieu d'être couvertes, comme les neuf précédentes, d'ornements sculptés portant les noms et les attributs des Muses, leurs trumeaux vides sont chargés dans toute leur hauteur d'ornements nouvellement peints relatifs aux principales gloires de ce grand règne : les Sciences et les Arts, la Marine, la Force et la Prudence, accompagnant les attributs royaux, la Guerre, le Commerce et l'Agricul-

(1) J. Marot, qui a gravé une *Porte de fer du vestibule du château de Maisons*, n'a point choisi celle-ci; il y avait donc au moins trois grilles de cette beauté à Maisons. On en a depuis apporté deux au Louvre, celle qui ferme la galerie d'Apollon et qui lui sied si merveilleusement, et celle qui a été placée à l'entrée de l'ancienne chapelle du Louvre. Celle, qu'a gravée Marot, a dans ses ornements des têtes de chiens, au lieu des rinceaux de celle de la galerie et des balustres de celles de la chapelle.

ture. Les trumeaux des fenêtres représentent d'autres figures allégoriques supportées et surmontées par des arabesques et des attributs, des chiffres et les armoiries royales. Les planches ci-dessus citées de J. Bérain ont aidé à la restauration de quelques-uns des trumeaux; les motifs si connus des arabesques du temps ont aidé à l'invention des autres. Bon nombre d'ailleurs, achevés ou inachevés, mais tous maculés par le temps et les usages successifs de la galerie, conservaient du moins les capricieuses inventions primitives. Les panneaux, qui séparent les fenêtres et les fausses portes, sont vides encore, mais ils sont destinés à contenir les portraits en tapisserie des hommes célèbres du temps de Louis XIV; ces tapisseries, dont les cartons seraient empruntés aux originaux de Lebrun, de Mignard, de Largillière et de Rigaud, se préparent aux Gobelins. On ne sait quelle était l'intention positive de Lebrun à l'endroit de ces panneaux, que leurs encadrements montrent matériellement prédestinés à recevoir des toiles rapportées; mais le souvenir de l'ancienne galerie des peintures a porté à croire que tel pouvait être son projet, et à adopter ce genre de décoration.

La corniche de la galerie est posée sur une frise, où les L royales sont alternées avec les fleurs de lys. Sur cette corniche sont posées à leur tour les grandes figures en stuc, qui supportent et chargent à la fois l'ornementation de la voûte.

Il est assez difficile de procéder complétement à la description de la voûte, autrement qu'en prenant le parti d'en décomposer le berceau en trois zônes, l'une centrale et supérieure, remplie par les cinq cartouches du jour, deux inférieures comprenant les Mois, les Saisons et les figures de support, et en un certain nombre de compartiments, ou, pour mieux dire, de tranches; elle se prête d'ailleurs admirablement à cette division.

Quant aux deux voussures, qui terminent le berceau de la voûte, elles sont remplies, nous l'avons dit et redit: celle du nord, au-dessus de la grille d'entrée, par le Triomphe de la Terre, celle du midi, proche de la rivière, par le Triomphe des Eaux ou d'Amphitrite. Le dessin du Triomphe de la Terre, possédé par le musée du Louvre, d'accord avec l'estampe de Saint-André, représente Cybèle, coiffée de tours, et tenant un sceptre fleurdelysé. Sa tête est levée vers le ciel, comme pour en implorer la fécondité. Le char, sur lequel elle est assise, est traîné par des lions, et sur le timon se tient un coq chantant. Des faunes, des satyres et des nymphes l'accompagnent et la suivent, en chantant et en jouant des instruments; sur le premier plan, à droite du dessin, à gauche de la gravure, des chasseresses, endormies sur les corps des biches qu'elles ont tuées, s'éveillent au son de la trompe, dans laquelle souffle un petit génie de la chasse armé d'une pique. Deux autres petits génies chasseurs nouent leurs colliers à deux chiens. Derrière les arbres, sur les branches desquels les deux nymphes de Diane ont jeté la draperie qui les abrite, deux satyres épient leurs beautés nues, et l'Heure matinale sonne une clochette au-dessus de leur tente. Dans l'autre coin de la composition, à gauche du dessin, à droite de la gravure, des enfants jouent avec des guirlandes, à l'ombre d'arbres enroulés de pampres, et un homme ivre dort appuyé sur un vase renversé auprès d'un âne. M. Joseph Guichard, de Lyon, chargé de peindre cette voussure restée vide, a eu l'heureuse chance de pouvoir se servir du dessin que Lebrun nous avait laissé. Seulement il a cru devoir le modifier en quelques points secondaires. Il a transposé sur les arbres de gauche, au-dessus de la figure ivre et des enfants aux guirlandes, la figure de femme, qui sonne la clochette et qui nous semblait avoir été placée avec plus d'à-propos par Lebrun au-dessus des chasseresses, qu'elle aidait à réveiller. Au second plan, à droite du satyre qui porte son enfant, il a supprimé d'autres demi-figures, qui suivaient le char de la déesse, pour les remplacer par un jeune pâtre, qui conduit un bœuf, et qu'accompagne son chien.

Le Triomphe de Neptune et d'Amphitrite, autrement

appelé le Réveil des Eaux, que Lebrun peignit en entier de sa main, a été de tout temps considéré avec raison comme l'un de ses chefs-d'œuvre, et Desportes disait que c'était son triomphe à lui-même. Sur un char, formé d'une gigantesque coquille, et traîné par quatre chevaux marins, Neptune est assis, trident en main et tenant assise auprès de lui la déesse Amphitrite; elle-même retient au-dessus de son front, comme pour s'en ombrager, la draperie verte, qui est nouée à la ceinture de Neptune, et qui voltige et se tend comme une voile. Le dieu tourne ses yeux furieux vers la gauche de la demi-coupole, où soufflent dans leurs nuages Notus et Eurus, et tous les ouragans. Au-dessous d'eux, des tritons jouent avec des naïades. La droite de cette belle composition n'est plus remplie aujourd'hui que par deux figures de nymphes, dont l'une, tournée de dos, s'appuie sur une corne d'abondance. Sur l'un des rochers, qui montent vers la droite, se silhouette la figure de Polyphême assis et jouant de la flûte à sept tuyaux. Cette figure du cyclope est à elle seule un délicieux poëme; c'est une vraie inspiration du Poussin. La peinture de cette voussure avait beaucoup souffert. Il est fâcheux que la détérioration de cette partie de la voûte ait été telle, que, lors de la restauration de ce Triomphe d'Amphitrite, M. Popleton, chargé de la délicate opération du nettoiement et de la remise en état de la peinture de Lebrun, n'ait plus retrouvé, du côté de Polyphême, les six figures de tritons jouant avec des naïades, ou soufflant dans des conques. La grande figure vue de dos, qui est restée, était couchée dans une grande coquille, sur laquelle elle voguait; une autre naïade portait des coraux et des perles.

Un caprice de Lebrun avait fait encadrer les deux voussures dans les plis d'une feinte tapisserie sculptée, de manière à indiquer que ces compositions peintes étaient des perspectives réelles, au-devant desquelles l'on aurait écarté des rideaux; ou peut-être voulait-il donner à croire qu'elles n'étaient elles-même que deux tapisseries tendues au fond de la galerie.—Au haut des deux voussures, les deux anges traditionnels des vieilles armoiries de la France, sculptés en stuc, supportent au-dessus du char de Cybèle, comme au-dessus de la conque d'Amphitrite, la couronne et le double écusson de France et de Navarre. — Des deux côtés de chaque voussure, un groupe en stuc de deux Captifs assis, adossés à un trophée d'armes : à gauche du Triomphe de la Terre, deux Captifs d'Afrique, à droite deux Captifs d'Amérique; à gauche de celui d'Amphitrite, deux Captifs d'Europe, à droite deux Captifs d'Asie. — Sur la corniche de la galerie, en avant de la peinture des voussures, Lebrun fit asseoir deux grandes figures de stuc : en avant de la Cybèle, la muse Calliope, à demi couchée, entre deux petits génies ; elle embouche sa trompette héroïque, et soutient un livre ouvert : en avant du Réveil des Eaux, se voit un Vieux Fleuve, appuyé sur sa rame et sur son urne penchée ; l'un des deux petits génies qui l'accompagnent boit de son eau avec une écuelle. Ce beau groupe est vraiment digne de la peinture de Lebrun, dont elle répète le sens, et dont elle couvre le premier plan.

Remontons maintenant la voûte, depuis le Triomphe d'Amphitrite jusqu'à celui de la Terre, c'est-à-dire du midi vers le nord. — Lebrun avait disposé, dans le milieu de la longueur de la voûte, l'espace de cinq grands tableaux plafonnants, qui traçaient mythologiquement la marche du Jour; et ces cinq tableaux, de forme dissemblable et d'inégale dimension, étaient séparés entre eux et séparés des deux voussures finales, par six compartiments d'arabesques mêlées de figures, ou *grotesques*, comme on disait alors, qui séparent en même temps, mais dans l'autre sens, les médaillons, dans lesquels Lebrun faisait peindre, en camaïeux rehaussés d'or, les occupations des mois.

Le premier grand cartouche de la voûte est octogone et représente l'Aurore, assise sur son char traîné par deux chevaux (1); au-dessous du char de la déesse, qui secoue son manteau, d'où tombent des fleurs, une belle nymphe répand avec un double arrosoir les perles du matin; des amours portent et renversent des corbeilles de fleurs; un autre amour et un demi-dieu étendu sur des nuages jouent avec des cygnes. — Ce cartouche qui a été peint de nouveau par M. Ch. L. Muller, est soutenu dans chaque zone inférieure par deux jeunes hommes couronnés de feuillage.

Le second cartouche, où l'on voit représenté Castor, ou l'Etoile du matin, n'avait été ni peint, ni dessiné par Lebrun; nous en donnerons plus loin la description et l'histoire. Ce tableau-ci est ovale et est resserré entre deux plus grands compartiments, oblongs et échancrés aux angles supérieurs, compartiments destinés aux saisons. Celui du côté du jardin de l'Infante est l'Automne, de Taraval; celui opposé aux fenêtres, c'est l'Été, de Durameau. — Au devant de ce dernier tableau sont, à demi couchées sur la frise, avec leurs génies à leurs pieds, comme toutes leurs sœurs, les deux muses de la tragédie et de la comédie, Melpomène et Thalie. Devant l'Automne sont étendues Euterpe, tenant une flûte, et Clio, tenant une couronne et appuyée sur des livres.

Le grand cartouche central, qui occupe presque la largeur entière de la voûte, et dont la forme est celle d'un quadrilatère, allongé au centre de ses côtés oblongs par deux demi-ovales, est, des deux côtés de l'arc de la voûte, soutenu aux quatre coins de son quadrilatère, par quatre

(1) Dans un dessin ovale conservé au Louvre, Lebrun a représenté l'Aurore dans une composition moins compliquée et moins heureuse. La jeune Déesse, ailée et portée sur des nuages sur lesquels posent ses genoux, répand des fleurs de ses deux mains; au loin devant elle volent deux autres figures de femmes ailées, et un petit Amour la précède avec une torche. Derrière elle à gauche vient la Rosée secouant ses cheveux et versant son arrosoir; on aperçoit au loin le char d'Apollon; au bas de l'ovale, au-dessous de l'Aurore, se voit l'Homme encore endormi sur la terre.

groupes de termes en cariatides, qui rappellent, pour les grimaces, la force et la laideur, ceux du Puget à l'hôtel-de-ville de Toulon. Entre ces couples de cariatides, les figures de stuc, qui, de même qu'aux deux autres cartouches octogones, supportent, en s'appuyant des deux côtés sur la corniche cintrée, le cadre du cartouche central, sont, du côté du jardin, deux jeunes demi-dieux, et en face, deux excellentes figures de Bacchus et de Silène. C'est dans cet immense cartouche que Lebrun avait rêvé de peindre Apollon triomphant, Apollon, le dieu du jour, au milieu de sa carrière, de sa force et de sa splendeur. Ce que Lebrun n'eut pas le loisir de faire, et ce qu'il réservait sans doute à son pinceau, comme devant être le couronnement et le suprême éclat de son œuvre, M. Eugène Delacroix aura eu l'honneur de l'accomplir, et la France et la galerie d'Apollon n'y auront rien perdu.

Les deux compartiments des saisons, qui, en remontant vers l'entrée, se trouvent aux deux autres coins du sujet central, sur les deux zones inférieures, et sont séparés par le cartouche du Soir, sont, à droite, le Printemps, de Callet; à gauche, l'Hiver, de Lagrénée le jeune. Sur les angles supérieurs de ces tableaux des Saisons, comme au-dessus des deux autres que nous avons déjà indiqués, se tiennent suspendues des femmes drapées, à ailes de papillon, sylphes ou zéphyrs féminins, qui sont, comme les autres figures de la voûte, presque de plein relief et quasi détachées du plafond. — Des deux muses qui sont assises et demi-étendues au devant de l'Hiver, l'une tient une lyre, sans doute Erato, la muse de la poésie érotique et élégiaque; l'autre mesure avec un compas le globe terrestre : c'est Uranie. — Au devant du Printemps, l'une tient une harpe, nous avons quelque peine à reconnaître en elle la danseuse Terpsichore; l'autre deux rouleaux, probablement Polymnie, muse de l'éloquence et de la poésie lyrique.

Le Soir, dans le cartouche ovale qui sépare ces deux Saisons, est représenté par un vieillard ailé, couché de gauche à droite sur des nuages et retenant des pavots dans une draperie. Ce vieillard, c'est le Soir, c'est Morphée, c'est le Sommeil, père des Monstres, et derrière lui, à sa droite, paraît la tête hideuse d'un de ses enfants.

Enfin, arrive la dernière peinture de l'histoire du Jour. Ce tableau, octogone, est le pendant de l'Aurore. La blonde sœur d'Apollon, Diane, la déesse des nuits, est traînée sur son char par deux biches, sur l'une desquelles est assis un amour qui porte un flambeau. Au-dessus de Phœbé, l'une de ses compagnes ailées écarte le voile de la Nuit. — Quatre vieillards en stuc supportent ce compartiment des deux côtés de la voûte. Qu'on se rappelle que des jeunes gens soutenaient l'autre octogone : la Jeunesse est le matin de la vie, la Vieillesse en est le soir.

Nous avons parlé des compartiments de *grotesques*, qui séparent, dans la voûte les compartiments de peinture, et dans les deux zones inférieures les douze médaillons des mois. Ces six compartiments de grotesques, qu'a gravés J. Bérain, sont particularisables, en remontant du balcon vers la grille, le premier, entre l'écusson royal et l'Aurore, par des enfants mêlés avec des aigles ; le second, entre l'Aurore et l'Etoile du matin, par des enfants et des coquillages ; le troisième, entre l'Etoile du matin et le Triomphe d'Apollon, par des hommes lisant ; le quatrième, entre le grand cartouche central et le Soir, par des biches ; le cinquième, entre le Soir et la Nuit, par des lions jouant avec des femmes ; le dernier, entre la Nuit et l'autre écusson de France, par des enfants, des chevreaux et des coqs.

Quant aux médaillons en camaïeu des douze mois, des deux côtés desquels pendent des guirlandes de fleurs, et qui sont supportés par des animaux réels ou fantastiques, qui sont leurs emblèmes, leur série fait le tour de la galerie, et, commençant à la gauche de l'entrée par la grille, revient finir à sa droite. Janvier y est représenté par des patineurs ; février, par des masques ; mars, par des vignerons taillant la vigne ; avril, par des jardiniers plantant et arrosant; mai, par un seigneur, qui présente une fleur à une dame, et un jardinier qui taille des charmilles; juin, par des femmes tondant des brebis : en retour, dans la zône qui fait face aux fenêtres, juillet, par la moisson; août, par des faucheurs; septembre, par des vendangeurs portant un baquet de raisins; octobre, par des paysans qui labourent et sèment; novembre, par des paysans qui saignent un cochon, et décembre, par des bûcherons.

V

Distribution des travaux.

Charles Lebrun était né en 1619; il était donc dans la plus parfaite maturité de son génie, quand il fut chargé de donner tous les dessins de la décoration nouvelle de la galerie d'Apollon. Le grand crédit, dont il jouissait auprès du roi et de Colbert, et les projets d'extraordinaire magnificence, que l'on avait pour cette galerie, mirent à la disposition du premier peintre, pour exécuter ses dessins approuvés, tout ce que Paris pouvait contenir d'habiles praticiens en tout genre; et ces praticiens étaient eux-mêmes des artistes déjà éprouvés et consommés. La sculpture devant avoir une large part dans cette décoration, on désigna, pour exécuter les figures de stuc, les Gaspard et Balthasar de Marsy, François Girardon et Thomas Regnauldin.

Les deux frères de Marsy, tous deux nés à Cambrai, Gaspard, l'aîné, en 1624, Balthasar, le jeune, en 1628, confondirent d'ordinaire dans les mêmes œuvres le talent, qu'ils avaient puisé à même source, dans l'atelier de leur père. Quand ces deux compatriotes de Francheville vinrent à Paris, en 1648, Gaspard avait vingt-quatre ans et Balthasar en avait vingt; aussi les conseils, qu'ils reçurent, dit-on, de Sarrazin, d'Anguier, de Van Opstal et de Buyster, ne purent dégager leur manière et leurs types d'un certain accent flamand, qui donne du moins une marque à leurs productions, au milieu de la savante, mais un peu monotone sculpture du temps. Gaspard mourut en 1681 ; Balthasar était mort en 1674.

C'est dans la notice publiée par M. Corrard de Bréban (Troyes et Paris, 1re édit. 1833, 2e édit. 1850, in-8º), qu'il faut chercher l'histoire des heureux travaux et des faveurs royales, qui remplirent la vie de François Girardon, né à Troyes, en 1628, et mort le même jour que Louis XIV. Appliquant servilement à la sculpture le goût de dessin et les types familiers de Lebrun, il était devenu, dans les décorations sculpturales, qui jouaient un si grand rôle dans le palais et les jardins de Versailles, l'homme nécessaire du premier peintre.

Quant à Thomas Regnauldin, né à Moulins en 1627, et mort en 1706, il avait été, comme ses trois concurrents, élève des Anguier, et il fut reçu de l'Académie royale le même jour que Girardon, et tous deux la même année que Gaspard de Marsy, en 1657. Regnauldin fut, lui aussi, de cette malheureuse génération de sculpteurs, qui n'eurent la permission de modeler l'argile et de tailler le marbre que pour donner les formes de leur art à des figures inventées par Lebrun. Leur ciseau est célèbre, et personne ne connaît leur génie.

Lebrun les mit donc à l'œuvre, leur partagea la tâche, et le roi lui-même prit plaisir à exciter une rivalité qui devait profiter à son palais.

C'est dans Florent Lecomte (*Cabinet des singularitez d'architecture, peinture et sculpture*, édit. de Bruxelles, 1702, tome III, p. 132) que je trouve pour la première fois l'anecdote des 300 louis offerts en gratification au plus heureux des quatre sculpteurs : « Les ouvrages de sculpture pour embellir la Gallerie d'Apollon furent distribuez à Messieurs Gaspard et Balthazar de Marsi, et à Messieurs Girardon et Renaudin ; mais le Roy voulant que le gain ne fût pas le seul objet qui fit agir ces sçavans sculpteurs, y mit le point d'honneur de la partie, proposant encore une récompense à celui des quatre de qui les ouvrages lui plairoient davantage, et le bonheur ayant voulu que ce fut Monsieur Girardon, il eut l'honneur de recevoir de Sa Majesté trois cens louis de gratification, ce qui est assez avéré. »

Quel fut le lot, qui échut à chacun dans le partage des travaux ? Nous sommes redevables à Saint-André d'avoir noté les noms des artistes sous leurs ouvrages ; peut-être eût-il été à souhaiter que, dans certaines planches, où se trouvent plusieurs figures pouvant avoir été modelées par des mains différentes, il mît encore plus de précision. Quoi qu'il en soit, Saint-André attribue à Girardon le Fleuve couché au-devant de la voussure du Triomphe d'Amphitrite, et deux des jeunes hommes couronnés de fleurs, qui soutiennent l'encadrement de l'Aurore ; ce sont ceux qui ont à leurs pieds deux petits génies, l'un jouant avec un lion, l'autre avec une faucille. Les quatre figures, qui sont posées en avant de l'Eté, Thalie et Melpomène et leurs deux petits génies, et les deux femmes, qui supportent des guirlandes pendantes du même côté de la voûte entre le cartouche du Matin et ce compartiment de l'Eté, Saint-André les donne encore à Girardon. Le même graveur, dans la planche où il a gravé les deux groupes de Termes et le Bacchus et le Silène, qui supportent le grand cartouche central du côté de la voûte opposée aux fenêtres, a attribué, par la manière, dont il a signé l'estampe du nom des deux artistes, le Bacchus et le couple de Termes qui sont à gauche de lui, à Girardon ; à Balthasar de Marsy, les deux autres Termes et le Silène. La parfaite similitude de manière, qui se reconnaît dans les deux couples de Termes, et l'égale beauté d'exécution, qui rend si remarquables le Bacchus et le Silène et fait comprendre la préférence du grand roi, nous porteront à attribuer les deux groupes de Termes à Balthasar de Marsy ; et du Bacchus et du Silène, qui, par leur disposition, forment presque groupe, nous ferions honneur à Girardon. De même, des six figures, qui font pendant à celles-ci, de l'autre côté de la voûte, nous donnerions encore, en suivant la même induction logique, au même Balthasar de Marsy les deux groupes de Termes, les deux figures de jeunes Dieux à Thomas Regnauldin. M. de Clarac et M. Corrard de Bréban attribuent encore à Girardon l'un des groupes de Captifs enchaînés, c'est celui des Asiatiques. M. de Clarac a d'ailleurs, dans son *Musée de sculpture antique et moderne*, décrit par son texte, t. Ier p. 58 et suiv., et reproduit par ses gravures au trait, pl. 105-109, toutes ces diverses figures de la voûte de notre galerie.

Selon Saint-André, il faut donner à Thomas Regnauldin, outre les figures supportant le grand cartouche central dont nous venons de parler tout-à-l'heure, les deux Muses de la musique et de l'histoire avec leurs génies, les deux Sylphes qui planent au-dessus d'elles dans la zone supérieure de la voûte et les deux jeunes hommes couronnés de feuillages, qui, placés à contre jour, font pendant à ceux de Girardon de l'autre côté du cartouche de l'Aurore : ces deux jeunes gens de Regnauldin sont ceux aux pieds desquels se tiennent, sous le jeune homme, tourné de face, les deux enfants qui s'embrassent et figurent les gémeaux, et, sous celui vu de dos, le petit satyre poursuivi par une écrevisse. Ces figures secondaires font partie de la suite allégorique des signes du zodiaque, dont les noms sont inscrits dans les deux zones inférieures entre les mois, et dont les représentations servent d'accessoires et de supports aux figures principales qui soutiennent les grands sujets peints de la voûte. — Enfin, la part de Regnauldin, dans les stucs de la galerie, serait complétée par le groupe des Captifs européens.

Reste à distinguer la main de chacun des Marsy dans les autres groupes. D'Argenville le fils, dans ses *Vies des fameux sculpteurs*, p. 204, dit vaguement « qu'on leur donna à faire la moitié des ornements de stuc de la galerie d'Apollon, du côté du grand escalier. » — Saint-André attribue, en effet, à Balthasar de Marsy les Captifs américains, les deux Vieillards (1), qui ont à leurs pieds de petits tritons à oreilles de satyres, et qui supportent à contre jour l'octogone de la Nuit, et les deux Muses, à la harpe et aux papyrus, qui sont demi-couchées du même côté, en avant de la peinture du Printemps. Nous avons dit comment, en interprétant, avec une certaine raison, le témoignage de Saint-André, on arrivait à attribuer à Balthasar les quatre couples de cariatides terminées en gaînes qui servent de support au cartouche central.

Ainsi, il ne reste plus à Gaspard de Marsy que la Muse en avant de la voussure de la Terre, les deux Captifs africains, les deux figures de vieillards, support du cartouche de la Nuit, du côté opposé aux fenêtres — aux pieds de ces vieillards se reposent un jeune centaure tirant de l'arc et un petit satyre jouant avec une chèvre — et enfin Uranie et la Muse à la lyre, qui se voient en avant du tableau de l'Hiver.

Les deux zones inférieures de la voûte avaient donc été partagées entre les quatre sculpteurs : à Gaspard de Marsy sera échue la première moitié de la zône opposée aux fenêtres, en partant de la voussure de la Terre; à Girardon la seconde moitié de la même zône, jusques et y compris la voussure des Eaux; la première moitié de la zône des fenêtres, à Balthasar de Marsy; la seconde à Regnauldin.

Les *Registres des bastiments du Roy* — desquels nous

(1) La collection du Louvre possède encore le dessin des deux vieillards et du petit satyre renversant un vase (signe du Verseur d'eau, écrit Lebrun), qui sont sur la corniche au-dessous du cartouche de Diane, entre les camaïeux de Janvier et de Février. Ces trois figures furent exécutées par B. de Marsy. Lebrun a écrit dans le demi-cercle qu'ils supportent : « les figures quy sont esbauchez sur les frontons ont six pieds huit poulces. »

Un autre dessin beaucoup plus terminé, à la mine de plomb, donne tout le compartiment de la voûte, qui comprend les Captifs asiatiques, l'Ange qui soutient à droite l'écusson de France, et les deux jeunes hommes, supports du cartouche de l'Aurore, c'est-à-dire toute la seconde moitié de la tâche de Girardon.

avons extrait tout ce qui a rapport à la galerie d'Apollon, depuis l'année 1664, où l'on est dans toute la ferveur des travaux, jusqu'à l'année 1680 (1), où ils sont, pour bien dire, tout-à-fait abandonnés, quoiqu'il y ait encore à cette date un crédit considérable, mais illusoire, pour leur continuation,—les registres des bâtiments nous font connaître les sommes, qui furent payées aux quatre sculpteurs dont nous venons de parler. Pendant le courant des années 1664-1665, il leur est payé en à-comptes fréquents 29,500 l. Il n'est fait aucune mention d'eux dans les cinq années qui suivent, et, si le 20 mars 1671 on trouve une somme de 3,000 l. payée « à François Girardon, Thomas Regnauldin et Gaspard et Balthazard de Marsy sculpteurs à compte des ouvrages de stuc qu'ils *font* à la Gallerie d'Apollon au Louvre », cette réapparition inattendue, et qui ne se reproduit plus, est plutôt, à n'en pas douter, un reliquat de compte qu'une reprise de travaux.

Ces registres des bâtiments nous révèlent, de la manière la plus piquante, et avec les détails les plus irrécusables, toute l'histoire et la marche des travaux dirigés par Lebrun dans la galerie d'Apollon. On n'y voit guère d'abord que les sculpteurs et les menuisiers A côté d'eux cependant se poursuit, à grand renfort d'à-comptes, l'achèvement de ces deux merveilleux « grands cabinets d'Apollon et de Diane, representant l'un le temple de la Gloire et l'autre celuy de la Vertu, que le Roy a ordonné estre faits pour servir dans la gallerie d'Apollon », meubles d'ébène, magnifiques sans doute, puisqu'ils devaient coûter, à eux seuls, la somme énorme pour le temps de 30,500 l., qui est indiquée comme devant être payée en 1667 à l'habile ébéniste italien, Domenico Cucci.

Quand les quatre sculpteurs ont fini leur tâche, arrive, dans l'année 1666, le tour du doreur Paul Goujon, ou Gougeon, dit la Baronnière, et du peintre d'ornements, Léonard Gontier. Jacques Gervaise l'aida l'année sui-

(1) Voir à la fin de notre travail les extraits des registres des bâtiments que nous avons imprimés en appendice.

vante, et peignit les bas-reliefs, c'est-à-dire les médaillons en camaïeu, imitant des bas-reliefs dorés, qui représentaient les Mois; les deux premiers et les six derniers furent seuls exécutés. Ce Jacques Gervaise avait été reçu de l'Académie royale de peinture, comme peintre d'histoire d'abord, le 29 novembre 1664, et définitivement le 5 mars 1667, pendant qu'il travaillait à la voûte de la galerie d'Apollon; il mourut le 3 octobre 1670, à l'âge de 50 ans, et ce fut cette mort prématurée qui l'empêcha, sans doute, de mener à fin la suite des camaïeux, restée inachevée depuis lui. — Les guirlandes de fleurs, qui tombaient des deux côtés des médaillons de J. Gervaise, furent peints, dans la même année 1667, par le célèbre fleuriste Baptiste Monnoyer. Ballin (l'illustre orfèvre peut-être) est appelé pour faire là quelques ornements de peinture, et on y trouve aussi employé un nommé Delare, peintre.

L'examen attentif des peintures d'ornements exécutées dans la galerie d'Apollon démontre irrécusablement deux mains, deux manières, deux moments. Les ornements de la voûte sont d'une facture plus large et plus magistrale : ceux-là il les faut attribuer à Léonard Gontier, aidé peut-être de Gervaise. On trouve, en effet, leurs noms réunis jusqu'à l'année 1670. En cette dernière année a disparu le nom de Gontier, et celui de Gervaise, qui va mourir à quelques mois de là, ne se trouve accouplé qu'une fois au nom de Le Moine. A partir de cette date on ne rencontre plus, en 1675, 1676 et 1677, d'autres artistes dans la galerie d'Apollon que les Lemoine, peintres d'ornements, employés dans les travaux des Tuileries et du Louvre. Jean, le plus connu des deux frères, qui obtint plus tard, un logement sous les galeries du Louvre, dont je viens de publier le brevet dans les *Archives de l'Art français* (1), a gravé, en compagnie de Bérain et de Chauveau, les quatre jolies planches de lambris des Tuileries, dont j'ai parlé plus haut (page 29).

(1) Les *Archives de l'art français*, recueil de documents rela-

C'est donc à ces Le Moine qu'il faudrait attribuer les trumeaux de la galerie d'Apollon, et, si leur exécution est plus précieuse, mais d'un moins grand goût que ceux de la voûte, il n'en faudrait accuser que la presque insensible modification du goût du temps.

Et cependant, au début des travaux, quelle ardeur et quelle prodigalité de magnificence ! Je viens de citer les deux meubles, aussi chers qu'un palais, que Domenico Cucci avait achevés pour cette destination. Deux autres grands cabinets avaient été pareillement commandés à l'ébéniste Golle : s'il en faut juger par les 23,000 livres d'àcompte qui lui sont payés, ils n'étaient guère moins splendides que ceux de l'Italien. — Enfin, au commencement de 1666, 8,000 livres d'abord, puis 21,600 livres avaient été payées « au s^r Lourdet pour son parfait paiement de 160 aulnes d'ouvrages façon de Turquie qu'il avait faits au grand tapis destiné pour la gallerie d'Apollon (1), » et dans les mois de septembre, novembre et décembre de la même année, trois à-comptes formant une somme de 7,500 livres,

---

tifs à l'histoire des arts en France. Paris, J.–B. Dumoulin, quai des Augustins, 13, 1851, in-8°, pag. 241.

(1) Ce magnique tapis, que Lourdet apprêtait pour la galerie d'Apollon, et dont ne parle aucune des descriptions de cette galerie, eut peut-être le même sort que le fameux tapis dont parle Germain Brice, en 1713, et qui « devoit couvrir en quatre vingt douze pièces toute l'étendue de la grande galerie du Louvre, sur un riche parquet de marqueterie achevé sans avoir été posé. » Brice revient encore ailleurs avec admiration sur ce chef-d'œuvre de Lourdet et de la manufacture de la Savonnerie, établie au bout du Cours-de-la-Reine ; il se conservait au garde-meuble du roi avec vingt-quatre mille aunes de tapissseries de différents siècles : « Le tapis de pied d'ouvrage à la turque, en quatre vingt douze pièces, lequel devoit être de l'étendue de la grande galerie du Louvre, c'est-à-dire de deux cens vingt-sept toises de longueur, ouvrage dans son genre qui n'a pas encore eu de pareil, » n'était pas encore achevé en 1684, s'il faut en croire la première édition de Brice. Si le bonheur voulait qu'il n'eût pas été détruit et si le garde-meuble de la couronne possé-

étaient encore payés au même Lourdet pour le même travail.

On remarquera que, dans les extraits de comptes de bâtiments que nous venons de citer, il n'est nulle part sonné mot de Charles Lebrun ni de ses dessins, ni de ses peintures. C'est qu'en effet, la haute position de Lebrun, comme conducteur et directeur des peintures de toutes les maisons royales, ne permettait pas de rémunérer ses travaux sur la même ligne que les artistes, qui étaient employés à les exécuter. Cette galerie d'Apollon était sortie tout entière du cerveau de Lebrun; car, s'il est parfaitement avéré qu'il avait donné les dessins de tout ce qui y avait été peint, sculpté et doré, il n'est guères moins certain qu'il avait lui-même ordonné et dirigé les réparations et les courbures architecturales, appropriant, sans plus de souci des lois ordinaires de cet art, les voussures les plus irrégulières à la riche décoration qu'il avait rêvée.

Quant aux peintures, la manière dont Desportes en parle, dans son éloge académique, rédigé assurément sur les meilleures notes, donnerait à croire que Lebrun n'exécuta de sa main que le Triomphe de Neptune et d'Amphitrite, tant le panégyriste appuie sur les mots : *entièrement de sa main*; les trois autres cartouches de la zone supérieure de la voûte, l'Aurore, le Soir et la Nuit, auraient été peints dans son atelier et sous sa direction; cependant, Saint-André, élève de Lebrun et qui a pour nous beaucoup d'autorité dans cette affaire, n'hésite pas à écrire, au-dessous des planches où il les a représentés, que ces cartouches ont été inventés et peints par son maître, et pour moi, je n'ose point le contredire. — Le grand cartouche, où Lebrun devait peindre le Triomphe d'Apollon, a plusieurs fois été décrit d'imagination par Germain Brice et quelques autres guides de Paris, qui ont pris, avec la

dait encore en quelque magasin peu fréquenté ce merveilleux tapis, ce serait bien le cas de le restituer au Louvre d'aujourd'hui, plus digne de cette parure que le Louvre même de Louis XIV.

légèreté habituelle des livres qui s'entre-copient, l'intention pour le fait. Les *Curiosités de Paris*, de L. R., qui sont l'un de ces livres, disaient en 1742 que « la plupart des ouvrages allégoriques de Lebrun, qui remplissaient autrefois les plafonds de la galerie d'Appollon, avaient été transportés à Versailles; » et il n'y avait rien d'impossible à ce que le cartouche de l'Apollon eût pu être utilisé à Versailles aussi bien qu'au Louvre (1). Il n'en est rien cependant; cette immense peinture, dans laquelle l'artiste eût certainement dépensé tout son génie de peintre et de courtisan, n'a jamais existé, et Lebrun n'en a pas même laissé un croquis (2) qui eût pu gêner, en le préoccupant, la belle invention pittoresque et morale de M. Eug. Delacroix.

(1) Lebrun avait peint sur plâtre son Triomphe des Eaux, et certainement il eût procédé de même pour son Triomphe de la Terre. M. Guichard a préféré le peindre sur une toile, qu'il a fait maroufler. Mais les sujets de la voûte devaient être peints sur toile marouflée, puisqu'ainsi sont le Soir et la Nuit, qui appartiennent à la décoration de Lebrun. M. Mortemart a détaché ces tableaux, les a rentoilés et marouflés à nouveau.

(2) Lebrun n'a laissé au Louvre aucun dessin, qui puisse être dit la première pensée de son grand cartouche central du Triomphe d'Apollon, à moins qu'on ne pense que ce fût, dans les tâtonnements de recherches, auquel devait donner lieu un si important sujet, qu'il composa un dessin, à la plume, lavé d'encre de Chine, où il représenta Apollon assis sur le sommet du Parnasse. Il est adossé contre un lion endormi; sa main gauche s'appuie sur sa lyre, et il étend l'autre bras vers la gauche. Auprès de lui, à droite, est assise l'Abondance versant sa corne, et le premier plan de la gauche est occupé par un groupe de cinq Muses au repos et sommeillantes. Le groupe principal de la droite se compose d'Hercule renversant un personnage, armé d'un marteau et derrière lequel se trouve écrasée une autre figure d'homme tenant une torche. Au-dessous d'eux se tient accroupi un troisième personnage ayant un masque auprès de lui. Au-dessus de ce groupe s'envole vers Apollon une femme tenant un rameau à la main; c'est la Paix sans doute, et c'est la Ruine,

VI.

La galerie d'Apollon, depuis les dernières années de Louis XIV jusqu'au règne de Charles X.

Du jour, où le caprice du grand roi eut délaissé cette galerie d'Apollon, qui devait rester, quoique inachevée, l'un des plus éclatants monuments de son règne, moins grandiose, mais plus parfaite peut-être, que la galerie de Versailles; du jour où, pour les consacrer à ce Versailles, le roi eut détourné d'une œuvre admirable, qui avait éprouvé leur talent et les avait préparés aux plus gigantesques entreprises, son premier peintre et la légion de sculpteurs, stucateurs, menuisiers, peintres de fleurs et d'ornements, tous gens du plus rare mérite, qui s'étaient faits ses humbles praticiens, la petite galerie du Louvre n'eut plus rien à attendre de Louis XIV, de Lebrun, ni de Colbert, ces trois magnifiques artistes dont elle était le chef-d'œuvre. Lebrun mourut en 1690. Pendant les cent ans qui suivent, le Louvre, discrédité et déserté par la cour pour Versailles, Trianon, Marly et Choisy, ne servit plus guère qu'à loger les diverses académies royales et particulièrement celle de peinture et sculpture. La galerie d'Apollon, — ô profanation! — fut distribuée en appartement. Déjà en 1713, Germain Brice l'indique : « Entre les pièces de cet appartement, on en remarquera quelques-unes qui sont très richement décorées; mais depuis que l'on a élevé les bâtimens doubles du côté de la rivière, les vûes en ont été tellement gâtées, que la lu-

---

l'Incendie et la Fraude, qu'Hercule est en train de renverser et de terrasser. Entre cet Hercule et les Muses se voit un vieux Fleuve couché et auquel une Nymphe montre les Muses. Ce beau dessin est du meilleur temps de Lebrun, d'un temps où il songeait encore à Lesueur et au Poussin.

mière y manque presque tout à fait, tant en haut qu'en bas, ce qui fait que l'on a assez de peine à distinguer les belles choses qui y sont restées, pour lesquelles cependant on a fait de très-grandes dépenses autrefois. »

Plus tard, la galerie d'Apollon avait été décorée des batailles d'Alexandre, qui devaient y revenir tant de fois; puis en 1742 on trouve ces fameuses batailles transportées dans la grande galerie, et remplacées par un dépôt des tableaux du roi, antérieur de dix ans à la célèbre exposition du Luxembourg.

« C'est un lieu bien délicieux pour ceux qui aiment ce bel art, qui s'y arrêteront toujours avec satisfaction, pour parcourir les tableaux qui couvrent les trumeaux de part et d'autre, et les feintes portes : Vous y verrez environ cent cinquante des plus beaux de ceux que le roi possède et qui ont été faits par les plus grands Maîtres de l'Italie, de la France et de Flandres; entr'autres, les quatre tableaux des Amours de l'Albane; le Femme adultère, Rebecca, le Triomphe de Venus, le Ravissement des Sabines, et Ananie et Saphira, du Poussin; le David jouant de la harpe et plusieurs autres du Guide; l'Entrée de Jérusalem, le Portement de Croix, et les Deux Nativités de Lebrun; les Noces de Cana, de Paul de Veronese; des vûes de Fontainebleau, de Vincennes et autres de Vandermeulen, et un grand nombre de paysages et de portraits d'une admirable beauté. » (*Curiositez de Paris, de Versailles, de Marly, de Vincennes, de Saint-Cloud et des environs*, par L. R. [le libraire Cl. Saugrain, selon le P. Lelong], Paris, 1742.)

En 1744, les batailles d'Alexandre y étaient revenues; car, dans un mémoire pour la décoration du palais des Tuileries, daté du 23 novembre, et que je viens de publier dans la dernière livraison des *Archives de l'art français* (p. 256-9), l'auteur, vivement touché de l'état de dispersion et d'inutilité où se trouvait la collection du roi, énumère ce qu'on aurait à mettre dans les Tuileries et parle ainsi des tableaux perdus dans notre galerie :

« Il y en a à Paris, au Louvre, dans la gallerie ditte d'Apollon, entre autres les batailles d'Alexandre de M. Lebrun. Il y en a aussi beaucoup dans cette gallerie enfermez dans des armoires qui sont fort beaux ; M. Bailly, garde des tableaux du roi, en a la clef. » Il est vrai de dire que les tableaux du roi enfermés dans les magasins de la surintendance à Versailles, n'étaient guères plus publics que ceux de la Gallerie d'Apollon dans leurs singulières armoires.

En 1747, M. Le Normand de Tournehem, directeur et ordonnateur général des bâtiments, jardins, arts et manufactures du roi, ordonne, dans la galerie d'Apollon, une exposition de onze tableaux de 6 pieds en largeur sur 5 de haut, commandés extraordinairement pour le roi aux principaux officiers de l'Académie :

1° Moïse, sauvé de l'eau par l'ordre de la fille de Pharaon, par Le Clerc ; 2° Alexandre, après avoir bû le breuvage qui lui était présenté par Philippe, son médecin, lui donne à lire la lettre de Parménion, par Restout ; 3° Marcius, surnommé Coriolan, par Galloche ; 4° Mutius Scevola, par M. Dumont le Romain ; 5° Pyrrhus, fils d'Eacide, par Collin de Vermont ; 6° Diogène brise sa tasse, par M. Jeaurat ; 7° (Armide) ; l'Aurore et Céphale, de M. Pierre, à la place de ce sujet ; 8° Jupiter, changé en taureau, porte sur son dos Europe qu'il enlève par surprise, par Boucher ; 9° une Fête de Bacchus, sujet tiré d'une ode d'Anacréon, par Natoire ; 10° Silène, nourricier et compagnon de Bacchus, par C. Vanloo ; 11° l'Enlèvement d'Europe, par Cazes.

L'année suivante, le jour de la saint Louis 1748, une nouvelle exposition est ordonnée par M. de Tournehem. Ce sont les sept tableaux de De Troy le fils, l'histoire de Médée et de Jason, qui sont exposés cette fois dans la galerie d'Apollon, et qui doivent y rester un mois.

Trois ans plus tard, la seconde édition du *Voyage pittoresque de Paris*, par d'Argenville, nous apprend que la galerie d'Apollon servait d'atelier aux six élèves protégés par le roi; les quatre fameux tableaux de la vie d'Alexandre, la Bataille d'Arbelles, le Passage du Granique, la Défaite de Porus et le Triomphe d'Alexandre s'y trouvaient encore, et, des autres tableaux qu'on y voyait, trois étaient encore de Lebrun, une grande Descente de Croix, saint Michel foudroyant les anges rebelles et une Nativité; de son rival Mignard, une Famille de Darius, un portrait du roi à cheval, un autre portrait du roi en profil et à pied et la famille du Dauphin; un Louis XIV en pied, de Rigaud et une grande Annonciation dans le goût du Titien.

En 1756, la mutilation au profit des élèves protégés est définitive : « Cette belle pièce sert aujourd'hui d'atelier à M. Vanloo; l'on y a distribué des loges pour les élèves protégés par Sa Majesté. Enfin on y remarque quelques beaux modèles, moulés d'après l'antique, et quelques tableaux de grands maîtres, distribués dans les trumeaux des croisées de cette superbe galerie. » (*Architecture françoise* de J. Fr. Blondel, t. IV, p. 39, Paris, Jombert, 1756.)

Enfin, en 1764, M. de Marigny, directeur général des bâtiments, eut, dit-on, la pensée d'arrêter les dégradations de cette délicieuse galerie, et même d'en faire reprendre les travaux abandonnés depuis près d'un siècle. Il avait commencé par substituer aux élèves protégés les diverses Académies (1). L'Académie de peinture avait conservé pour la mémoire de Lebrun les plus honorables respects. Elle dut aller ardemment au-devant des projets de M. de Marigny. Le premier soin devait être de remplir les compartiments demeurés vides. Il en restait sept (sans compter les camaïeux de quatre mois) : le cul de four du nord, le grand cartouche central, un ovale dans la voûte entre ce cartouche central et l'Aurore et les quatre

(1) « L'Académie françoise et celles des inscriptions, des sciences, de peinture et sculpture et architecture, y occupent chacune un appartement où elles tiennent leurs séances. » (*Description historique de la ville de Paris*, par Piganiol de la Force, édit. de 1765, T. II, p. 264.)

compartiments quasi-rectangulaires, posés sur les corniches. Or, Lebrun avait assez clairement indiqué sa pensée; il n'y avait pas à s'y méprendre. Les quatre derniers compartiments étaient destinés aux Saisons, le grand cartouche de la voûte au triomphe d'Apollon, et l'ovale plus petit à l'Heure Matinale. L'Académie royale de peinture convint de faire remplir successivement les vides par des tableaux, confiés à ses agréés et qui seraient considérés comme leurs morceaux de réception dans l'Académie. Mais ces tableaux ne furent point, comme on l'a dit, confiés aux premiers agréés qui se présentèrent. L'Académie choisit lentement, en douze ans, les cinq artistes, qu'elle jugea dignes d'être employés à compléter la décoration de Lebrun; et elle leur désigna à chacun leur sujet : à Hugues Taraval, l'Automne (il fut reçu académicien le 29 juillet 1769) ; à Louis Durameau, l'Eté (il fut reçu de l'Académie le 27 août 1774); à Jean-Jacques Lagrenée, l'Hiver (il fut reçu le 30 juin 1775); le Printemps à Antoine-François Callet, reçu de l'Académie le 25 novembre 1780; et enfin l'Etoile du Matin à Antoine Renou, qui fut reçu académicien le 18 août 1781.

Taraval, dans l'*explication des peintures* exposées au salon de 1769, intitula son tableau : « *le Triomphe de Bacchus.* » — Bacchus et Ariane, assis sur un char, sont entraînés vers la gauche par des léopards, qui guident deux Amours volant dans les airs. Le dieu et sa maîtresse, tenant le thyrse et une coupe, sont suivis par des bacchants et des bacchantes. Au second plan de gauche, d'autres bacchants emplissent une cuve de raisins. Durameau et Lagrenée le jeune donnaient, dans le livret de 1775, l'explication suivante de leurs deux tableaux :

« L'Eté (par M. Du Rameau, académicien) : Cérès et ses compagnes implorent le Soleil, et attendent, pour moissonner, qu'il ait atteint le signe de la Vierge. La Canicule, ou Chien céleste, vomit des flammes et des vapeurs pestilentielles; les Zephirs par leur souffle, diminuent son ardeur et purifient les airs. »

« L'Hiver (par M. La Grenée le jeune, académicien) : Eole déchaîne les Vents qui couvrent les Montagnes de neige ; les eaux des fleuves glacés, et l'inaction du temps indiquent que l'hiver est un temps de suspension où rien ne végète. »

Le livret a soin de dire que ces deux tableaux, larges de 18 pieds et hauts de 9 pieds 6 pouces, étaient destinés à orner la galerie d'Apollon et qu'ils étaient les morceaux de réception des deux artistes.

Bachaumont, qui traite tout-à-fait légèrement l'Automne, de Taraval, *renvoyant à la taverne le personnage ventru du dieu du vin et les appas grossiers de sa compagne* (Lettres sur les peintures, sculptures et gravures de Messieurs de l'Académie royale, etc., Londres, 1780, p. 61), analyse fort longuement (p. 176-180) les deux tableaux de Durameau et de Lagrenée (1). Le Durameau y est fort malmené aux dépens du Lagrenée, qui, s'il est d'une composition plus remplie et mieux liée, est extrêmement lourd de ton et de dessin et ne se rachète que par la tristesse de son paysage. — Quant à l'Été, de Durameau, le groupe de Cérès et de ses compagnes et celui des Zéphyrs, poursuivant de leur souffle le chien de la Canicule, sont encore lourds de formes, mais du moins y trouve-t-on une couleur éclatante ; le char d'Apollon se fond dans une lumière rose et blanche, qui s'harmonise gaiement avec le brillant de la décoration de Le Brun. Cette harmonie gaie et un peu clinquante, propre à ces derniers représentants de la peinture du dix-huitième siècle, ne pouvait, il faut le dire, trouver une meilleure place et un meilleur exercice.

Le *Printemps*, de Callet, et *l'Etoile du matin*, de Renou, parurent tous deux à l'exposition de 1781. L'*Explication des peintures* décrit ainsi le tableau du premier : « Zéphir

---

(1) Voir aussi sur *ces deux grands tableaux échancrés* les plaisants *Entretiens sur l'Exposition des tableaux de* 1775 *entre le Comte, le Chevalier, l'Abbé et Mlle Fanfale*, p. 11 et 12, et les pages 21-3 des *Observations sur les ouvrages exposés au sallon du Louvre ou lettre à M. le comte de* ***.

et Flore accourent pour couronner de fleurs Cybelle, représentant la Terre, les vents doux renaissent, les Amours reprennent leur activité, et les Habitans de la Terre, par leurs danses et leurs jeux, célèbrent le retour du Printemps. — Ce plafond est un de ceux destinés à décorer la galerie d'Apollon, et a été ordonné à l'Auteur pour sa réception; il a 19 pieds de long sur 10 pieds de haut. »
Flore, appuyée sur Zéphyr, présente une couronne de fleurs au-dessus de la tête de la Terre, traînée sur son char par des lions. La Terre étend les bras vers les deux jeunes divinités; dans les airs volent des amours et des *vents doux*, au second plan se voient des danses de nymphes et de satyres. Cette peinture est d'une couleur plus délicate, plus solide, plus spirituelle que celles dont nous venons de parler, et les figures ont de la grâce.

Le « plafond ovale, de 12 pieds 8 pouces de large sur 8 pieds 8 pouces de haut, » que Renou avait intitulé *Castor, ou l'Etoile du matin*, lui avait été *ordonné* de même pour son morceau de réception et était destiné, prenait-on soin de dire aussi, à décorer la galerie d'Apollon. Dans l'œuvre de Lebrun, au cabinet des estampes, à la suite des estampes gravées par Saint-André et les autres artistes d'après la galerie d'Apollon, se trouve placée une pièce anonyme et sans lettre, représentant un jeune homme, monté sur un cheval qui galope sur des nuages; son épée pend à son côté, il tient la bride de la main droite, une lance de la main gauche; sa tête est relevée vers le ciel, et au-dessus de son front est une flamme. Cette figure équestre, dont l'invention doit en effet appartenir à Lebrun, nous a paru n'être pas étrangère à l'inspiration du Castor de Renou, représenté sous les traits presque identiques d'un jeune cavalier galopant sur des nuages, avec une étoile au-dessus de la tête et un javelot à la main. Son cheval sort des ténèbres de la nuit et galope vers la lumière. Par je ne sais quels retards, les deux derniers tableaux, dont nous venons de parler, ne décoraient point encore, six ans après le salon de 1781, les cartouches de la galerie d'Apollon, qui les avaient fait naître. Car Thiery nous apprend, dans son *Guide des amateurs et des étrangers à Paris*, édit. de 1787, que les deux peintures de Renou et de Callet n'étaient pas encore placées à cette date.

La dernière description de la galerie d'Apollon, antérieure à la révolution, est celle qui nous est offerte par ce même Thiery, (*Guide des amateurs et des étrangers à Paris*, Paris, 1787, tome Ier, p. 372-74); nous ne citons naturellement que les meubles d'art, étrangers à la décoration primitive :

« Sur la porte de la galerie d'Apollon, Mignard a représenté Louis XIV à cheval. Les bustes placés près de la porte sont ceux de Carle Maratte et d'André del Sarte. On y remarque quelques plâtres moulés sur l'antique, tels que le Faune tenant le petit Jupiter, le Bacchus antique, le Tireur d'épine, le Torse antique et le Sanglier antique.

« Les principaux tableaux de cette superbe galerie sont la Mort de la Vierge, par le Caravage ; une grande Annonciation, dans le goût du Titien ; une Descente de croix, par Le Brun ; les quatre fameux tableaux des batailles d'Alexandre, par le même : l'un représente le passage du Granique ; l'autre, la bataille d'Arbelles ; le troisième, la défaite de Porus ; et le quatrième, l'entrée triomphante d'Alexandre dans Babylone ; le cinquième, où ce Peintre a représenté la famille Darius, est à Versailles. On voit encore dans cette Galerie un St Michel foudroyant les Anges rebelles et une Nativité, par Le Brun.

« On remarque en outre dans cette Galerie une quantité de marbres et de tableaux dont partie sont sur des chevalets. Ce sont tous morceaux de réceptions des differens Académiciens actuels. Sur la porte qui communique au grand Sallon, où se font l'exposition des tableaux tous les deux ans, est un portrait en pied de Louis XIV, peint par Rigaud. »

Tous les tableaux de valeur, qui composaient l'ancienne collection du roi, ayant été transportés dans la grande galerie pour l'ouverture, qui se fit le 27 juillet 1793, du Muséum national, l'administration de ce Muséum songea à utiliser la belle galerie d'Apollon, dont on s'était habitué à voir les panneaux recouverts par des cadres, et on s'avisa de la consacrer à une exposition considérable de dessins des maîtres. L'exposition du 14 octobre 1750, au Luxembourg, n'avait montré qu'une vingtaine des dix mille dessins, que le roi se vantait de posséder alors. Nous avons sous les yeux huit catalogues, publiés à différentes dates, et qui donnent la *notice des dessins originaux, cartons, gouaches, pastels, émaux et miniatures du Musée central des arts, exposés dans la galerie d'Apollon*. Le titre que nous donnons ici est celui du premier livret, le livret de l'an V (1). Dans celui de l'exposition faite en l'an X, qui porte l'an XII comme date d'impression (2), on trouve de plus des *esquisses peintes* et des *vases étrusques*. Celui de l'an 1811 (3) mentionne encore des *bas-reliefs* et des *bronzes*; celui de 1815 (4), des *mosaïques* et les deux Esclaves, de Michel-Ange; ceux de 1817 (5) et 1818 (6), les *terres émaillées* de Bernard de Palissy; enfin, celui de 1820 (7) contenait jusqu'au *globe terrestre* du géographe Poirson. Il est impossible de se faire une juste idée des merveilles qui ont tour à tour occupé les panneaux de cette galerie, depuis le 28 thermidor de l'an V jusqu'au commencement du règne de Charles X, autrement qu'en feuilletant l'un après l'autre la série de livrets, que nous

---

(1) In-12 de IV et 108 pages. Il existe de ce livret un autre tirage (in-12 de IV et 107 pages), qui ne paraît guère différer de celui-ci que par l'absence du tableau sur ardoise de Daniel de Volterre, représentant David terrassant Goliath. (page 11 du livret.)
(2) In-12 de IV et 124 pages.
(3) In-12 de 140 p.
(4) In-12 de 102 p.
(5) In-12 de 155 p.
(6) C'est un tirage identique à celui de 1817.
(7) In-12 de 292 p.

venons d'énumérer. Cette mutation infinie de chefs-d'œuvre, qui se sont succédés du haut en bas des lambris de la galerie d'Apollon, pendant vingt-huit ans, était, dans le commencement, encore plus activée par le parti pris de l'administration primitive du Musée central de renouveler périodiquement l'exposition des dessins. Le cordon supérieur de la galerie était alors formé par les admirables cartons de Jules Romain, de Tibaldi et du Dominiquin. Les émaux placés dans les embrasures de la fenêtre, au grand trumeau, étaient ceux de Petitot et des anciens maîtres limousins. Des bustes d'artistes et des vases garnissaient les encoignures de la galerie. C'était un magnifique passage qui menait du grand salon au salon circulaire, qui faisait, en l'an V, partie du local assigné à l'Institut national. Une histoire sommaire du *Palais du Louvre*, faisant partie d'une série de notices sur les châteaux royaux, publiées sans nom d'auteur, par le domaine de la couronne (1837, in-4°), mais que l'on sait avoir été écrites sous la dictée de M. Fontaine, raconte que Napoléon avait décidé, vers 1804, que « la galerie d'Apollon, refaite presqu'entièrement sur les dessins de Perrault et Lebrun, restée inachevée et presqu'en ruines, serait restaurée, remise à neuf, et consacrée à l'exposition des ouvrages d'art d'une dimension moindre que celle des tableaux annuellement placés dans la grande salle. » Cette partie des vastes projets de l'empereur sur le Louvre ne s'exécuta point, nous venons de le voir. Enfin, pendant toutes les premières années de la Restauration, eut lieu dans la galerie d'Apollon l'exposition périodique des porcelaines des manufactures royales.

VII.

La galerie d'Apollon sous le dernier règne.

Cependant, soit qu'après l'incendie de 1661 l'architecte, qui avait charpenté à nouveau la toiture et avait dû préparer la voûte à supporter les figures peintes et sculptées de Lebrun, n'eût point assez solidifié ses poutres et ses plafonds, soit qu'il s'en fût trop fié à des murailles ébranlées par le feu, la galerie d'Apollon laissait entrevoir de loin en loin et depuis longtemps de menaçants symptômes d'éboulement. Déjà la notice des dessins, de l'an V, racontait la ruine instantanée du plafond octogone de l'Aurore sur son char : « Il y a quelques années, des ouvriers qui travaillaient à la couverture, ayant imprudemment déchargé leurs gravois sur ce plafond, il tomba et fut entièrement détruit. » — Les autres peintures de Lebrun avaient subi les plus singulières détériorations. « En 1822 ou 1823, » a raconté M. Delécluze (*Journal des Débats*, du 13 juin 1851), « le roi Louis XVIII, qui était obligé, à cause de ses infirmités, de traverser la galerie d'Apollon sur un fauteuil roulant pour aller à l'ouverture des chambres, qui se faisait au Louvre sous son règne, fut presque atteint par un des fragments de sculpture qui se détacha de la voûte par l'effet de l'écartement des murs. » Il n'y a rien d'improbable à ce que ce tout petit accident royal ait précipité le décret de restauration de la galerie d'Apollon presque aussi puissamment que l'urgence même du salut d'un si beau monument. Quoi qu'il en soit de l'aide que se durent prêter ces deux intérêts, M. Fontaine, qui avait fait, dit-on, successivement à Louis XVIII, à Charles X, et qui devait faire encore à Louis-Philippe une idée fort exagérée des difficultés et des dépenses d'une restauration, rêvée par trois rois, M. Fontaine, dis-je, dès l'avènement au trône de Charles X, étaya la voûte de Lebrun par cet échafaudage, que nous avons vu jusqu'en 1848 et dont la solidité n'avait rien de provisoire. Les dessins enlevés de là ne devaient plus être rendus au public que dans les salles, longtemps consacrées au conseil d'Etat et qu'ils occupent dorénavant. Le public ne vit plus dès lors dans l'étroit couloir de la galerie d'Apollon, qui était conservé pour le passage, que l'exposition annuelle des dessins, gravures et lithographies (1). Là s'étaient établis, dans l'angle le plus rapproché de la rivière, des ateliers de menuiserie, qui auraient pu renouveler cent fois le terrible incendie de 1661 et avec des dommages bien autrement irréparables, puisqu'un tel sinistre eût compromis les trésors sans prix de nos musées nationaux.

La pensée de consolidation architecturale de la galerie d'Apollon et de restauration de ses peintures et sculptures n'en restait pas moins vivante de ministère en ministère, et la révolution de juillet, en donnant le trône à un prince presque aussi bâtisseur que Louis XIV, sembla un moment avoir hâté pour elle l'heure d'un achèvement, qui n'a peut-être pas perdu à être retardé.

Louis-Philippe, pendant les premières années de son règne, pensa, avec une persistance qui ne put être distraite que par Versailles, à compléter la décoration intérieure de notre galerie. On sait quel était le goût du roi pour la peinture historique. Versailles fut la plus grandiose manifestation de ce goût, qui s'était déjà donné jour dans ses deux domaines privés du Palais-Royal et d'Eu. A la suite de l'exposition de 1833, en même temps qu'il faisait des commandes considérables pour compléter sa ga-

(1) Dans ce que M. Fontaine (*Palais du Louvre*, p. 59, voir plus haut, p. 58) dit des intentions du roi Louis-Philippe sur le Louvre, on trouve ce projet : « l'aile opposée du côté du midi, avec les galeries en retour, le grand salon d'exposition, la galerie d'Apollon et le salon d'angle sur le jardin de l'Infante, seront disposés de manière à recevoir les productions des beaux-arts, que les artistes soumettent annuellement à la curiosité publique. »

lerie historique du château d'Eu et celle du Palais-Royal, que nous avons vue détruite par le saccage du 24 février, le roi songea à remplir les panneaux vides de la galerie d'Apollon par des tableaux qui représenteraient une suite de sujets relatifs à l'histoire du Louvre. On dressa en conséquence une liste de sujets et une liste d'artistes. Voici quels étaient les projets de commande à la date du 3 mai 1833 :

« GALERIE D'APOLLON. — *Tableaux de l'histoire du Louvre à faire faire.*

GUÉ. — Le roi Dagobert s'embarquant devant sa maisonnette du Louvre pour retourner en la Cité, à son palais.

DEVÉRIA. — Charlemagne établissant au Louvre Alcuin et les savants qu'il avait fait venir d'Italie.

MAUZAISSE. — Philippe-Auguste faisant construire la tour du Louvre.

ROGER. — Charles V rentrant au Louvre, dans le temps de Maillard, Martel, etc.

BLONDEL. — Charles VI ; fiançailles de Catherine et de Henri V, roi d'Angleterre. (*En marge* : changé.)

TONY JOHANNOT. — Retour de Charles VII au Louvre, disant au duc de Bedford : « N'y revenés plus. »(*En marge* : demandé.)

ALFRED JOHANNOT. — Henri II ; fiançailles ou mariage de François II, alors dauphin, avec Marie Stuart, en présence de Catherine de Médicis et des Guises.

FRAGONARD. — Charles IX ; scènes de la Saint-Barthélemy dans le Louvre. (1)

(1) Qu'il me soit permis de faire ici une rapide allusion à l'odieuse inscription, qu'avaient dictée les philosophes du dix-huitième siècle, et que les révolutionnaires de 93 avaient tracée sur marbre noir au-dessous du balcon qui termine la galerie d'Apollon. Rien n'est moins incontestable que l'existence, à la date du 24 août 1572, de la fenêtre d'où l'*infâme* Charles IX aurait tiré sur son peuple, et, quand même certaines ingénieuses déductions,

Picot. — Naissance de Louis XIII au Louvre, en présence de Henri IV, etc.

Hesse jeune. — Le corps de Henri IV apporté ou exposé au Louvre.

Couder. — Napoléon dans l'escalier du Musée avec M. Fontaine.

Steuben. — Prise du Louvre, le 29 juillet 1830. (*En marge* : changé.)

Au crayon : Drolling. — Le mariage de Napoléon. »

La note suivante sur les travaux de peinture à exécuter dans le Louvre était en même temps adressée de l'Intendance générale à M. le comte de Forbin :

« La galerie d'Apollon se compose de vingt-quatre tableaux disposés d'après l'indication ci-jointe :

« 12 de ces tableaux se trouvent donc en face du jour, et 12 du côté des fenêtres.

« Tous ces tableaux sont de la même hauteur, mais n'ont pas la même largeur.

« Deux panneaux de chaque côté du milieu de la galerie sont plus larges, par conséquent il y a donc quatre tableaux de 5 p. 3° de haut sur 6 p. 10° de large et vingt de 5 p. 3° de haut sur 4 p. 1° de large.

« Avant de faire commencer les travaux aux artistes, il serait nécessaire de connaître où sera placé le premier tableau, afin de pouvoir assigner à chaque artiste la place que son ouvrage doit occuper. »

En marge était écrit de la main du roi, avec paraphe : « Tous les tableaux doivent être faits sur des châssis de
« la petite mesure et tous égaux. La place de chaque ta-
« bleau sera déterminée par celle qu'il occupe dans l'or-

---

empruntées à la trace sculptée de quelque chiffre royal, viendraient prêter une chance de possibilité à la phrase que Mirabeau prit à Volney, il faudrait s'imaginer que le fils de Catherine de Médicis était venu se poster avec son arquebuse au milieu des matériaux entassés d'une bâtisse en construction ! Triste privilége de l'éloquence de donner la vie à des mensonges pleins de haine.

« dre historique, et il est inutile d'entrer dans plus de
« détails à cet égard. »

Une décision du 7 juin 1833 attribua donc différents
tableaux à exécuter pour la galerie d'Apollon à MM. Saint-
Evre, Devéria, Alfred et Tony Johannot, Alexandre Hesse,
Blondel, Roger, Fragonard, Couder, Gué, Picot, Steuben
et Drolling.

Le prix de chaque tableau était fixé à 4,000 francs; la
dimension était en moyenne de $1^m.78$ de hauteur sur
$1^m.35$ de largeur. On indiquait aux artistes que la hauteur
du point de vue était de 1 p. 6 p. ; la dimension des figures 3 p. 6 p.

Cette décision changeait, pour Alfred Johannot, en un
Henri II et Catherine de Médicis entourés de leurs enfants
encore en bas âge, les Fiançailles de François II. Elle de-
mandait à M. Steuben un tableau représentant Colbert
qui présente au roi Claude Perrault avec le plan de la colonnade du Louvre, et à M. Picot, François Ier recevant
Léonard de Vinci au Louvre.

Le 1er mai 1835, une seconde décision commanda pour
cette même galerie d'Apollon quatre tableaux de même
prix et de même dimension à MM. Blondel, Saint-Evre,
Colin (Charles VII donnant audience au Louvre à Valentine de Milan) et Decaisne (Henriette d'Angleterre reçue
au Louvre).

Tous ces tableaux furent exécutés, à l'exception de
ceux commandés à MM. Steuben et Drolling. Nous venons
de dire que les sujets de quelques-uns avaient été modifiés par la décision du 7; quelques-uns aussi avaient
été confiés à d'autres artistes. Mais, sans autre cause sans
doute que les retardements apportés à la restauration de
la galerie, les toiles ne furent point mises dans la place
qui avait été leur raison d'être, et les besoins de décorations des diverses résidences royales les ont disper-
sées loin du Louvre. La grande galerie du palais de
Trianon en possède huit aujourd'hui.

1° Charlemagne présidant aux travaux des savants qu'il

avait appelés près de lui pour professer dans les écoles dont il était le fondateur (par Saint-Evre ; il avait été substitué à Devéria par décision du 12 décembre 1833).

2° Serment de Charles II, roi de Navarre, à Jean, roi de France (par Blondel, décision du 7 juin 1833).

3° Prise du Louvre, par Charles, dauphin, depuis Charles V, en 1358 (par Roger, *id.*).

4° Charles VI donne audience à Valentine de Milan qui vient, avec ses enfants, demander justice contre l'assassin de Louis, duc d'Orléans, son époux, 11 septembre 1408 (par Colin, décision du 1er mai 1835).

5° Henri II, roi de France, Catherine de Médicis et leurs enfants (par Alfred Johannot, décision de 1833).

6° Marie Stuart à l'âge de 13 ans, déclamant au Louvre une oraison funèbre en latin devant toute la cour (par Saint-Evre, décision de 1835).

7° Henri IV, assassiné, rapporté au Louvre et déposé dans la salle des gardes (par Alex. Hesse, décision de 1833).

8° Henriette de France, reine d'Angleterre, reçue au Louvre par Anne d'Autriche et Louis XIV (par Decaisne, décision de 1835).

En 1835, Fragonard livra sa scène du Massacre de la Saint-Barthélemy dans l'appartement de la reine de Navarre. Ce tableau décore aujourd'hui l'hôtel du président de l'Assemblée nationale, en compagnie du Charles-Quint reçu au Louvre par François Ier, de A. Colin ; du Dagobert revenant en bateau de sa maison du Louvre, de Gué ; du Philippe-Auguste faisant élever la grosse tour du Louvre, de Mauzaisse ; tous tableaux destinés, nous l'avons vu, à la décoration de la galerie d'Apollon. Le Charles-Quint, de Colin, de même prix et de même dimension que ses aînés, n'avait été commandé que sur décision du 15 décembre 1841. Quant au tableau de M. Couder, Napoléon dans l'escalier du Musée avec M. Fontaine, il se trouvait placé en février 1848 au Palais-Royal, et c'est pourquoi nous l'avons vu vendre, il y a quelques semaines, à l'hôtel des Jeûneurs, parmi les tableaux de ce palais et de Neuilly que la liste civile mettait aux enchères. A partir de 1835, la galerie d'Apollon, encore une fois abandonnée pour Versailles, comme du temps de Louis XIV, ne paraît plus avoir occupé un moment la pensée du feu roi, et cet oubli était presque une condamnation officielle à une ruine, j'allais dire à une démolition complète.

VIII.

Restauration et achèvement de la galerie d'Apollon.

L'esprit conservateur de M. Félix Duban, le nouvel architecte que la révolution de février substitua à M. Fontaine, et surtout le besoin de créer des travaux extraordinaires, qui occupassent le plus de bras et le plus d'industries possibles, indiquèrent aux nouveaux ministres la galerie d'Apollon, comme le monument historique le plus urgent à restaurer, que Paris pût offrir à ses artistes et à ses ouvriers.

Voici en quels termes est expliqué et motivé le projet de la restauration complète de la galerie d'Apollon, dans le *Rapport fait* à l'Assemblée nationale (séance du 7 décembre 1848), *au nom de la commission* (1) *chargée d'examiner le projet de loi relatif à un crédit de deux millions demandé pour la restauration de diverses salles du Louvre, par le citoyen Ferdinand de Lasteyrie, représentant du peuple* :

(1) Cette commission était composée de MM. Duclerc, Edmond Baume, Groslier-Desbrousses, d'Albert de Luynes, Blavoyer, Hauréau, Garnier-Pagès, Donatien Marquis, Coquerel, Thiers, Camille Béranger, Walferdin, Taschereau, Renouvier et Ferdinand de Lasteyrie, rapporteur.

« La galerie d'Apollon est incontestablement, par le luxe et la beauté de sa décoration, l'une des parties les plus intéressantes du palais du Louvre. Les nombreux étais, les échafaudages qui, depuis plus de vingt-cinq ans, la préservent à peine d'une ruine imminente, dérobent à l'admiration publique les remarquables peintures, la riche ornementation de ses voûtes et l'élégante décoration de ses lambris. Tous les amis des arts demandent avec instance sa complète restauration, qui, en rendant à cette partie du Louvre sa splendeur première, aurait, en outre, l'avantage de rétablir une très-utile communication entre les diverses parties de notre grand Musée National, entre la grande galerie, où se trouvent réunis les anciens chefs-d'œuvre de toutes les écoles, et les bâtiments de la cour carrée, autour desquels se groupent les collections de l'école française, de l'école espagnole, le musée de dessins, la collection Standish et le musée naval. Quel autre monument consacré aux arts pourrait présenter un développement comparable à cette ligne non interrompue, qui s'étendra depuis le pavillon des Tuileries jusqu'à la colonnade du Louvre? La seule lacune aujourd'hui existante se trouverait comblée par la restauration de la galerie d'Apollon. Mais il ne faut pas se le dissimuler, cette restauration entraîne des travaux fort coûteux et de la nature la plus délicate.

« Obligé de reprendre en sous-œuvre de gros murs bâtis sur pilotis, dans un terrain souvent inondé, l'architecte rencontrera des difficultés encore plus sérieuses à l'intérieur, où la nécessité de refaire la plus grande partie des voûtes, l'obligera à en détacher avec soin les précieuses peintures et les ornements sculptés dont elles sont ornées. Ces opérations sont peut-être les plus difficiles qu'un architecte puisse avoir à accomplir; mais le choix de l'artiste, à qui elles sont confiées, est le plus sûr garant de leur réussite. La partie, qui menace ruine au dehors, est celle qui forme l'angle du quai et du jardin de l'Infante. De ce dernier côté, trois travées sont presque entièrement à reconstruire. La commission a pensé que cette reconstruction devait être faite, non pas dans le style bâtard des travées aujourd'hui existantes, mais bien dans le style primitif, que de précédentes restaurations avaient complétement altéré et qu'on retrouve encore intact dans les parties contiguës de cette façade. L'accroissement de dépenses, qu'entraînera cette modification au plan primitif de la restauration, n'est rien en comparaison des avantages qui doivent en résulter, quant à l'effet d'ensemble de l'édifice. Ce sera, d'ailleurs, une occasion précieuse de donner un travail utile aux sculpteurs ornementistes, et les économies, que la commission a réalisées sur d'autres parties du projet, permettra à l'architecte de compléter ainsi la restauration de la galerie d'Apollon sans dépasser le chiffre total du crédit qui vous est demandé ! »

Et la commission, dans la répartition du crédit de deux millions, proposait d'en consacrer 1,066,000 francs à la galerie d'Apollon.

(Voir *Bulletin des lois*, n° 686; projet de loi, n° 619.)

Les difficultés, qui se présentaient à l'architecte, étaient de toutes les natures et s'adressaient à toutes les faces de sa science; et j'entends ici par science, le triple don de l'expérience, du goût et de l'érudition. Le tassement, qui s'était opéré dans les fondations de l'angle de la galerie qui regarde le quai et le jardin, tassement qui a été reconnu presque contemporain de la construction même de la galerie, avait déterminé une crevasse terrible, une espèce de coup de foudre qui lézardait la muraille du haut en bas et qui, en déchirant la voussure de Lebrun, faisait courir sur cette grande peinture, l'humidité la plus destructive. — D'autre part, l'incendie de 1661, ayant anéanti l'ancienne toiture de la galerie, Lebrun avait modifié l'ancien système des fenêtres, des deux côtés de l'élégant avant-corps du milieu, puis il n'avait pas jugé à propos de rétablir le petit fronton qui couronnait cet avant-corps et les lucarnes qui perçaient et aéraient la toiture primitive. La charpente de la toiture nouvelle avait sans doute été construite un peu hâtivement : toujours est-il que la négligence d'assemblage et le défaut d'aération de cette charpente avaient fini par compromettre la toiture et la voûte entière qu'elle écrasait. Pour procéder au remaniement de la charpente, il fallait démonter, dans tous leurs détails, toutes les parties peintes et sculptées de l'immense voûte, et les enlever par menus morceaux, bien et duement étiquetés, qui devaient, comme au jugement dernier, retrouver, sans méprise, leurs joints et leurs membres. Cette effrayante opération s'est accomplie avec tout le soin et le bonheur imaginables sous la conduite et par les mains de M. Desachy. — M. Duban, s'inspirant religieusement, pour retrouver l'effet d'ensemble qu'elle présentait sous Henri IV, et qu'il voulait rendre à la galerie d'Apollon sans toucher aux remaniements que Lebrun s'était permis de faire subir à l'ancienne décoration extérieure, M. Duban, s'inspirant de la précieuse estampe, dans laquelle J. Marot nous a conservé le premier état de la galerie, lui restitua son élégant fronton et les lucarnes indispensables à la santé de la charpente, et par conséquent de la voûte. L'habile sculpteur de la Pénélope endormie, M. Cavelier fut chargé de sculpter à nouveau la figure de la Renommée, que J. Marot nous montrait dans le fronton, assise entre deux Termes. Enfin, M. Duban, en dégageant le pied de la façade, lui a retrouvé le plus délicieux soubassement.

Quant à l'intérieur de la galerie, sa réparation marchait à grands pas. Dès que les travaux de consolidation et de toiture avaient été terminés, dès que les innombrables fragments de la voûte y avaient été fermement resuspendus par des crampons, les travaux de souture, de restauration et de complément y avaient commencé avec une ardeur et un ensemble admirables. Pendant que M. Popleton nettoyait et retouchait les peintures d'histoire, et particulièrement les trois compositions presque disparues que la voûte et la voussure du midi gardaient encore de Lebrun, c'est-à-dire le Soir, la Nuit et le Triomphe de Neptune et d'Amphitrite, M. Guichard peignait, à l'autre extrémité de la voûte, la voussure du Triomphe de la Terre, d'après le dessin de Lebrun, en lui faisant subir les modifications que nous avons indiquées. M. Ch.-L. Muller, l'auteur de la Ronde de mai, exécutait, avec un succès digne de tous éloges et sans avoir d'autre indication que la gravure de Saint-André, un cartouche nouveau de l'Aurore sur son char, que bien des visiteurs ont dû prendre pour une restauration éclatante et harmonieuse du tableau de Lebrun, dont nous avons raconté la perte. De son côté, M. Eugène Delacroix, chargé de remplir l'immense cartouche, de 24 pieds sur 22, qui, dans la pensée de Lebrun, devait motiver le nom et servir de cœur à la galerie d'Apollon, avait peint sa poétique esquisse ; et, après avoir tracé, dans les salles spacieuses du Louvre, le vaste carton qui devait le guider, il avançait dans son atelier sa grande œuvre, avec cette verve infatigable qui l'anime toujours dans l'exécution de pareils travaux.

C'est à M. Delacroix lui-même que nous devons l'explication suivante de son *Apollon vainqueur du serpent Python* :

« Le dieu, monté sur son char, a déjà lancé une partie de ses traits ; Diane, sa sœur, volant à sa suite, lui présente son carquois. Déjà percé par les flèches du dieu de la chaleur et de la vie, le monstre sanglant se tord, en exhalant dans une vapeur enflammée les restes de sa vie et de sa rage impuissante. Les eaux du déluge commencent à tarir et déposent sur les sommets des montagnes ou entraînent avec elles les cadavres des hommes et des animaux. Les dieux se sont indignés de voir la terre abandonnée à des monstres difformes, produits impurs du limon. Ils se sont armés comme Apollon. Minerve, Mercure s'élancent pour les exterminer, en attendant que la sagesse éternelle repeuple la solitude de l'univers ; Hercule les écrase de sa massue ; Vulcain, le dieu du feu, chasse devant lui la nuit et les vapeurs impures, tandis que Borée et les zéphyrs sèchent les eaux de leur souffle et achèvent de dissiper les nuages. Les nymphes des fleuves et des rivières ont retrouvé leur lit de roseaux et leur urne encore souillée par la fange et par les débris. Des divinités plus timides contemplent à l'écart ce combat des dieux et des éléments. Cependant, du haut des cieux, la Victoire descend pour couronner Apollon vainqueur, et Iris, la messagère des dieux, déploie dans les airs son écharpe, symbole du triomphe de la lumière sur les ténèbres et sur la révolte des eaux. »

Pendant ce temps-là, M. Duban, qui n'avait voulu partager avec aucun entrepreneur de décoration la conduite d'une œuvre, dont son titre imposait à sa réputation toute la responsabilité et l'honneur, fournissait tous les dessins d'ornement à une légion de jeunes artistes décorateurs, entre lesquels il avait divisé la tâche appropriée à leurs talents. La retouche des anciens panneaux d'arabesques fut confiée à M. Duvieux; à M. Clément échut le soin de compléter et de restaurer les fleurs de Baptiste; M. Dieterle fut employé au dessin des figurines, et le même artiste, avec M. Derchy, au dessin des arabesques complétées. Mais le décorateur qui a eu la plus grande part à la peinture des arabesques et figurines est M. Arbant. C'est lui qui a peint, d'après les estampes de Saint-André, les quatre médaillons des mois qui étaient restés vides ; c'est lui aussi qui a été chargé, avec M. Fouquet, de la peinture des portes du milieu de la galerie, que Lebrun pensait peut-être à remplir de glaces, comme cela se voit à Versailles. Le même M. Fouquet et M. Haumont ont encore été employés à la peinture des arabesques et figurines ; enfin, parmi les artistes, qui ont travaillé passagèrement à certains accessoires, nous citerons les noms de M. Durier et de M. de Ternante.

Telles sont les habiles mains, dont s'est servi M. Duban pour terminer la splendide décoration de la galerie d'Apollon. Sa science et sa conscience ont eu beau jeu dans cette restauration, dont il recueille d'ailleurs les justes applaudissements, et l'une de celles qui feront le plus d'honneur à notre temps. Notre siècle panthéiste est le siècle des restaurations. On y comprend, on y accepte, on y respecte tous les goûts, toutes les manières; on s'y assimile l'esprit de toutes les époques fameuses. Est-ce indifférence? Non pas; car jamais initiation n'a été poursuivie avec tant de passion que celle du passé par nos artistes. La restauration des plus beaux monuments anciens de notre art national n'élèvera pas moins haut la gloire de nos architectes contemporains que la création de leurs plus excellents monuments nouveaux; ce ne sera pas l'un des moindres étonnements de l'avenir qu'un même temps, qu'un même artiste aient pu nous restituer, dans toute la pureté de la pensée qui créa ces deux merveilles, la Sainte-Chapelle aussi resplendissante et aussi étoilée que saint Louis la voulut pour y déposer les reliques du Christ, la galerie d'Apollon plus magnifique et plus pleine de Louis XIV que Louis XIV lui-même ne l'a jamais vue.

PIÈCES JUSTIFICATIVES.

EXTRAITS DES REGISTRES DES BATIMENTS DU ROI.

ANNÉE 1664.

RECEPTE

DU 25 AVRIL 1664.

Du sieur de Bartillat, par ordonnance du 19e avril, pour délivrer au sieur Le Menestrel la somme de six mil soixante quinze livres pour employer au faict de sa charge, mesme celle de VI₶ à compte des despences à faire pour les deux grands cabinets d'Apolon et de Diane, et LXXV₶ pour les taxations dud. Menestrel, à raison de III d. pour livre, cy.... 6075₶

Peinture, sculpture et ornement de la petite gallerie du chasteau du Louvre.

DU 27e JANVIER 1664.

A Gaspart et Balthazart Marcy et François Girardon, sculpteurs, sur etant moins des ouvrages de sculpture par eux faicts et à faire dans la gallerie des peintures au bastiment du Louvre suivant l'ordonnance...... 3000₶

DU 1er MARS.

A Balthazart Marcy, François Girardon et Thomas Regnaudin sculpteurs, sur estant moins des ouvrages faicts dans la galerie des peintures............................ 3000₶

DU 20ᵉ MAY.

A eux sur estant moins des ouvrages de sculpture par eux faits en la gallerie des peintures cy.................................. 2000

DU DERᵉʳ JUIN.

A Gaspart Balthazart Marcy, François Girardon et Thomas Renaudin sculpteurs à compte du platfonds de la galerie des peintures... 3000

DU 22ᵉ SEPTEMBRE.

A eux à compte des ouvrages qu'ils font en la gallerie des peintures................... 3000

DU 14ᵉ OCTOBRE.

Aux dˢ Girardon et Renaudin à compte des ouvrages de stuc par eux faicts dans la galerie des peintures........................... 2000

DU DERNIER DÉCEMBRE.

A Jacques Prou menuisier à compte des ouvrages par luy faits en la gallerie des peintures... 500

Au dᵗ Prou et Denis Buret à compte des lambris et revestement des embrazures des croisées de la d. gallerie des peintures du Louvre.. 600

A Gaspart et Balthazart Mersy, François Girardon et Thomas Renaudin, à compte des ouvrages de sculpture qu'ils font en la gallerie des peintures du Louvre 2000

Diverses despenses 1664.

DU 1ᵉʳ MAY.

Au sʳ Domenico de Cuuccy esbeniste italien à compte des ouvrages par luy faicts pour les deux grands cabinets d'Apollon et de Diane cy.......................... 6000

ANNÉE 1665.

RECEPTE

DU 18 MAY 1665.

De Mᵉ Estienne Jehannot s. de Bartillat, garde du tresor royal, la somme de 8100♯ scavoir 8000 a compte de deux grands cabinets qui représentent l'un le temple de la Gloire et l'autre celuy de la Vertu que le Roy a ordonné estre faits pour servir dans la gallerie d'Apollon du chasteau du Louvre, et 100♯ pour les taxations du s. Le Begue, trésorier général des bastimens, cy.......... 8100

DU 20 OCTOBRE.

De luy la somme de 8100♯ pour employer à la continuation des despences a faire pour deux cabinets représentant le temple de la Vertu et celuy de la Gloire................ 8100

Peinture, sculpture et ornements du chasteau du Louvre.

DU 22ᵉ MAY 1665.

A Gaspard et Balthazard Marsy, François Girardon et Thomas Renaudin sculpteurs à compte des ouvrages de sculpture de la gallerie des peintures du Louvre............. 2000

SUR LA GALERIE D'APOLLON. 75

DU 4 JUILLET.

A Gaspart Baltazard Marcy, François Girardon et Thomas Renaudin sculpteurs, id.... 2000
A eux, id........................ 3000

DU 1ᵉʳ SEPTEMBRE.

A Baudrin Ivart peintre à compte de toiles, couleurs et peines de compagnons peintres qui ont travaillé aux tableaux de la gallerie des peintures...................... 300

DU 4 NOVEMBRE.

Aux sʳˢ Gaspard et Balthazard Marsy, François Girardon et Thomas Renaudin à compte des augmentations d'ouvrages qu'ils font à la gallerie des peintures du Louvre........ 1000
A eux id...................... 1000

DU 26 DÉCEMBRE.

Aux sʳˢ Marsy sculpteurs à compte des ouvrages de sculpture qu'ils font à la gallerie des peintures du chasteau du Louvre...... 1000

DU 24 AVRIL 1666.

A Gaspard et Balthazard Marsy sculpteurs à compte des ouvrages de sculpture qu'ils ont faits à la gallerie des peintures du Louvre............................... 1500

Diverses despenses.

DU 10 JUILLET 1665.

A Domenico Cuucy ebeniste à compte de deux grands Cabinets qui représentent le temple de la Gloire et le temple de la Vertu,

pour la galerie d'Apolon du chasteau du
Louvre....................................... 8000

DU PREMIER SEPTEMBRE.

A Domenico Cuccy Italien, id........... 8000

DU 17 JUILLET 1666.

Au sr Lourdet pour son parfait paiement
de 160 aulnes d'ouvrages façon de Turquie
qu'il a faits au grand tapis destiné pour la
gallerie d'Apollon..................... 21600

ANNÉE 1666.

RECEPTE

DU 25 NOVEMBRE 1666.

De Me Estienne Jehannot sr de Bartillat la
somme de 5041# 13s 4d pour delivrer scavoir 5000# a Domenico Cuucy ebeniste à
compte de deux grands cabinets qui représentent le temple de la Gloire et le temple
de la Vertu pour servir dans la gallerie d'Appollon..................................... 5041 13 4

De luy la somme de 6050# pour delivrer
à Golle ebeniste la somme de 6000 à compte
de deux grands cabinets qu'il fait pour servir dans la gallerie d'Appollon........... 6050

Peinture, sculpture, ornemens du chasteau du Louvre.

DU 28 MAY 1666.

A Paul Goujon dit la Baronniere à compte
des ouvrages de dorure par luy faits dans le
platfondz de la gallerie des peintures...... 800

A Leonnard Gontier peintre à compte des
ouvrages de peinture qu'il a faits à la d. gallerie....................................... 500

SUR LA GALERIE D'APOLLON.   77

DU 24 SEPTEMBRE.

A Leonnard Gontier id.................. 300
A Paul Goujon a compte des ouvrages de dorure qu'il fait au platfonds de la gallerie des peintures....................... 1500

DU 6 OCTOBRE.

A Gontier peintre a compte des ouvrages de peinture qu'il fait dans la gallerie des peintures....................... 400

DU 15ᵉ MARS 1667.

A Yvart peintre pour achapt de toilles et peintures et pour le paiement d'ouvriers peintres qui ont travaillés à la gallerie d'Appollon........................... 471

Diverses despenses 1666.

DU 28 MAY 1666.

A Simon Lourdet a compte des despences a faire pour les tapis façon de Turquie qu'il fait pour la gallerie d'Apollon au Louvre... 6000

DU 15 JUILLET.

A Simon Lourdet id.................. 2000

DU 24 AOUST.

A Golle ebeniste a compte de deux grands cabinets qu'il fait 6000
A Dominico Cucci ébéniste a compte de deux cabinets qu'il fait l'un représentant le temple de la Gloire et l'autre celuy de la Vertu........................... 5000

DU 24 SEPTEMBRE.

Au sr Lourdet a compte des ouvrages façon de Turquie qu'il fait pour le roy....... 2500

DU 3 NOVEMBRE.

A Lourdet id 2500

DU 7 DÉCEMBRE

Au sr Lourdet à compte des tapis qu'il fait pour servir dans la gallerie d'Apollon...... 2500

ANNÉE 1667.

RECEPTE

DU 9 JANVIER 1667.

De Me Estienne Jehannot sr de Bartillat, garde du tresor royal, pour délivrer 5000# à Domenico Cuucy ebeniste à compte de deux grands cabinets représentans le temple de la Gloire et celui de la Vertu pour la Gallerie d'Appollon du chasteau du Louvre 141# 13s 4d pour les taxations du sr le Menestrel tresorier general des bastimens en exercice la pnte année 1668...................... 5041#13s 4d

De luy, 4537# 11s pour delivrer à Domenico Cuucy, 4500 pour avec 26000 qu'il a cy devant receus faire 30500 pour le parfaict paiement de deux grands cabinets représentant le temple de la Gloire et celuy de la Vertu, et 37# 10s pour les taxations....... 4537# 10

DU 10 MAY.

De luy pour delivrer à Golle ebeniste la somme de 6000# à compte des deux grands cabinets qu'il fait pour le Roy et 50# pour les frais........................... 6050

DU 29 DÉCEMBRE 1667.

De luy pour delivrer 5000# à Domenico Cuuci ebeniste à compte de deux grands cabinets qu'il fait pour le Roy et 41# 13 4 pour le d. tresorier...................... 5041#13s 4d

Peinture, sculpture et ornemens du Louvre.

DU PREM^{er} MAY 1667.

A Gontier à compte des ouvrages de peinture qu'il fait dans la gallerie d'Apollon au pavillon du Louvre 400

DU 12 JUIN.

A Jean Baptiste peintre à compte des fleurs qu'il peint dans la gallerie d'Appollon au Louvre............................. 300

A Jacques Gervaise peintre à compte des bas-reliefs qu'il peint dans la gallerie d'Appollon 200

A Leonnard Gontier a compte des ornemens de peinture qu'il fait au d. lieu...... 600

DU 29 JUILLET.

A Gontier à compte des ouvrages de peinture qu'il fait au Louvre................. 400

A Goujon dit la Baronnière a compte de la dorure qu'il fait au d. lieu............... 400

A Jacques Gervaise a compte des bas-reliefs qu'il peint dans la gallerie d'Appollon..... 300

DU 10e AOUST.

A Goujon dit la Baronnière a compte des ouvrages de dorure qu'il fait à la gallerie d'Appollon au chasteau du Louvre......... 800

Au d. Gontier à compte des ouvrages de peinture qu'il fait au Louvre.............. 400

DU 28 OCTOBRE.

A Gervaise à compte des ouvrages de peinture qu'il fait à la Gallerie d'Appollon...... 300
A Gontier id........................ 300
A Baptiste à compte des peintures de fleurs qu'il fait à la gallerie d'Appollon.......... 300
A Ballin pour son paiement de quelques ornements de peinture qu'il a faits en la gallerie d'Appollon.................... 122 10

DU DERNIER DÉCEMBRE.

A Jacques Gervaise et Nicolas Gontier à compte des ouvrages de peinture qu'ils font au Louvre............................ 800

DU 9 JANVIER 1668.

A Delare peintre à compte des ouvrages de peinture par luy faits dans la gallerie d'Appollon................................ 127

DU 17ᵉ MARS.

A la Baronnière à compte des ouvrages de dorure par luy faits en la petite gallerie des peintures........................... 800

DU 21ᵉ MAY.

Au d. Gougeon à compte des ouvrages de dorure qu'il a fait en la gallerie d'Appollon. 800
A Gontier à compte des ornements de peinture qu'il fait dans la gallerie d'Apollon au Louvre............................ 600

Menuiserie du chasteau du Louvre.

DU 25 MAY 1667.

A Claude Buirette et Prou à compte des ouvrages de menuiserie qu'ils font au Louvre à la Gallerie d'Appollon.............. 2700

DU 12 JUIN.

Aus d. Prou et Buirette id.............. 1500

DU 10 AOUST.

A Prou et Buirette id.................. 1000

DU 28 OCTOBRE.

Au d. Prou menuisier pour son parfaict paicment de douze croisées de menuiserie qu'il a faites dans la gallerie d'Apollon..... 400

Diverses despenses.

DU 18 JUIN 1668.

A la veuve Dumoustier peintre en considération de ce qu'il a sauvé de l'incendie du Louvre les portraits des Rois.............. 1500

A Golle ebeniste à compte des deux grands cabinets qu'il fait pour le service de Sa Maté. 6000

A Domenico Cucci pour son paiement de deux grands cabinets d'ébène représentans le temple de la Gloire et celui de la Vertu.. 9500

Au d. Cussy à compte des deux grands cabinetz qu'il fait pour le Roy.............. 5000

année 1668.

RECEPTE

DU 4 SEPTEMBRE.

De M⁰ Estienne Jeannot sʳ de Bartillat pour dellivrer à Golle ebeniste a compte de deux grands cabinets pour le Roy......... 5041 13 4

Peinture, sculpture, ornements du château du Louvre.

DU 14 MARS.

Aus d. Gervaise et Gontier à compte des ouvrages de peinture qu'ils font au Louvre en la gallerie d'Apollon.................. 1200
A eux id........................ 1600
A Buret et Prou à compte des ouvrages de menuiserie qu'ils font à la gallerie d'Apollon au Louvre....................... 1500

DU 15ᵉ JANVIER.

A eux......................... 2000

année 1669.

DU 15ᵉ FEBVRIER.

Aus d. Gervaise et Gontier peintre etc.... 800

DU 3ᵉ AVRIL.

A eux......................... 800

année 1670.

DU 8ᵉ JUIN.

A Gervaise et Le Moine peintres à compte des ouvrages de peinture qu'ils font en la gallerie d'Appollon au Louvre............ 2000

Année 1671.

DU 20ᵉ MARS 1671.

A François Girardon, Thomas Regnaudin et Gaspard et Balthazard de Marsy sculpteurs à compte des ouvrages en stuc qu'ils font à la gallerie d'Apollon au Louvre............ 3000

Année 1675.

DU 22ᵉ MARS 1675.

Aux sʳˢ Le Moine peintres à compte des ouvrages qu'ils font à la gallerie d'Apollon aux Thuileries...................... 1100

DU 12ᵉ AVRIL 1675.

A Prou menuisier pour les eschaffauds qu'il a faits à la gallerie d'Apollon........ 193# 5ˢ

Année 1676.

RECEPTE

Pour continuer les ornemens de peinture et dorure de la gallerie d'Apollon......... 8000

DEPENSE.

Peinture, sculpture, etc., du Louvre.

DU 8 AVRIL.

Aux sʳˢ Le Moine à compte des peintures qu'ils font dans la grande gallerie d'Appollon............................... 600

Année 1677.

DU 20ᵉ FEBVRIER.

A Baudrain Yvart peintre pour diverses

fournitures qu'il a faites pour la peinture de
la gallerie d'Apollon 917

DU 16ᵉ MARS.

Aux Le Moine peintres à compte des ouvrages qu'ils font dans la d. gallerie....... 500

RECEPTE 1677.

Pour les ornements de peinture et dorure
de la gallerie d'Apollon.................. 10000

FIN.

www.ingramcontent.com/pod-product-compliance
Lightning Source LLC
LaVergne TN
LVHW020943090426
835512LV00009B/1691